"互联网+"背景下
大学生创新创业能力培养

李云凤　著

云南出版集团

云南美术出版社

图书在版编目（CIP）数据

"互联网＋"背景下大学生创新创业能力培养／李云凤著. —昆明：云南美术出版社，2023.4

ISBN 978－7－5489－5261－9

Ⅰ．①互… Ⅱ．①李… Ⅲ．①大学生－创业－能力培养－研究 Ⅳ．①G647.38

中国国家版本馆 CIP 数据核字（2023）第 061024 号

责任编辑：刁正勇
责任校对：梁　媛　黎　琳　李　平
装帧设计：刘慧敏
封面设计：寓　羽

"互联网＋"背景下大学生创新创业能力培养

李云凤　著

出版发行：云南出版集团
　　　　　云南美术出版社（昆明市环城西路 609 号）
制版印刷：昆明德厚印刷包装有限公司
开　　本：787mm×1092mm　　1/16
印　　张：6.75
字　　数：250 千字
版　　次：2023 年 4 月第 1 版
印　　次：2023 年 4 月第 1 次印刷
书　　号：ISBN 978－7－5489－5261－9
定　　价：45.00 元

前　言

　　创新创业教育需要遵循一定的内在规律，并由此形成相应的创新创业理论和实践体系，其中教育是基础。创新创业教育作为一种面向未来的教育，能培养学生的事业心，创新与创业精神已成为高等教育的重要培养内容。近年来，随着大力推进大众创业、万众创新，以"互联网＋"为重要特征的创新创业热潮滚滚而来，新观念、新创意、新模式不断萌生，新技术、新产品、新业态不断涌现。在这些创新中，最重要的是人才培养体系的创新和科研体制转化的创新。人们已普遍意识到高校是创新人才培养的重要基地，也是科技创新的重要源头，因此应高度重视大学生创新人才的培养。

　　本书以"互联网＋"背景下大学生创新创业教育的基础为切入点，首先介绍了"互联网＋"背景下创新创业教育实践教学体系，探讨了大学生创新意识培养及能力开发，然后对大学生创新创业环境、准备以及创新创业政策进行分析与指导，最后对"互联网＋"背景下的大学生创业者及其团队构建进行阐述并提出建议。希望通过本书的介绍，能够为读者在大学生创新创业能力培养方面提供参考与借鉴。

　　在写作过程中，笔者参阅了相关文献资料，在此，谨向其作者深表谢忱。

　　由于水平有限，疏漏和缺点在所难免，希望得到广大读者的批评指正，并衷心希望同行不吝赐教。

著　者

2022 年 11 月

目　录

第一章　大学生创新创业教育基础

第一节　"互联网+"的出现与发展

一、互联网的发展历程

互联网首先是基础设施，在其基础上利用信息通信技术将众多节点连接起来，进而形成广泛的网络架构。现在互联网已经不仅是社会发展的重要基础设施，而且随着网民的不断增加，互联网发生了深刻变化。

（一）互联网完全商业化之前的发展

互联网自 1969 年问世至今已有五十余年，但在 1995 年完全商业化之前，即在 1969—1995 年，网民以及互联网使用的范围与领域都有一定的限制，互联网还没有那么普及，这一时期不同领域信息交流的需要和信息技术的发展，推动了互联网的发展。互联网能获得如此快速的发展，主要是得力于信息传播交流的需求。这一阶段互联网的发展，主要是因为军事信息传递、科技信息交流、商务信息交流等需要而产生并发展。1995 年 4 月，互联网完全商业化，人们的日常生活、学习和工作都受到不同程度的影响，虚拟空间与城市空间、网络社会与现实社会之间形成相互促进、共同发展的局面，为社会经济的加速发展创造了有利条件。

（二）互联网完全商业化以来的发展

互联网完全商业化以后，我国互联网的发展大致分为四个阶段：

第一阶段，1995—2003 年，互联网主要是一种社交工具，主要功能是服务于网络新闻、社区、论坛、各类软件等。

第二阶段，2003—2008 年，互联网主要是一种渠道，也是交易平台，一批互联网企业便在此阶段发展起来，B2C、B2B、P2P、众筹等得以发展。

第三阶段，2008—2013 年，互联网完成了由渠道向基础设施的演进，"云网端"为主要标志性技术的突破和成熟，使互联网平台迅速崛起，大数据、云计算、物联网等呈快速发展态势。

第四阶段，2014 年至今，互联网已经成为人们离不开的生存空间，已经成为一种新型经济，并形成依附"互联网+"的一种新型经济生活方式，是社会经济的一次质的飞越，而且发展劲头正盛。

根据相关机构统计，截至 2021 年 6 月，国内有 8.54 亿网民，互联网普及率高达 61.2%，与 2020 年年底相比，网民数和网络普及率分别增加 2598 万和 1.6%；同时，国内有手机网民 8.47 亿，占网民总数的比例达 99.1%，与 2020 年相比，手机网民数增加 2984 万，手机上网比例增长 0.5%；移动宽带平均下载速率比 5 年前提升 6 倍左右，但是自费水平却下降 90% 以上。造成移动互联网流量大幅度提高的一个重要原因是提速降费政策的实施，国内手机互联网用户平均每月使用移动流量为 7.2 GB，超过全球平均水平 20%；移动互联网接入流量额超 553.9 亿 GB，与 2018 年同比提高 7.3%。国内乃至全球的经济社会都受到以互联网为代表的数字技术的深刻影响，并为国内的经济社会转型和国家竞争新优势的出现以及消费的不断升级等都创造了有利条件。

二、互联网经济与社会的发展

1995 年以前，互联网的应用领域主要集中在专业和学术上，之后，以浏览器技术的出现为代表并迅速波及全球，国内开始引入互联网也正是在这个时候。国内互联网在最近 20 年内的发展势头非常强劲，并深刻影响着人们的日常生活，从窄带发展到宽带，从固定发展到移动接入，都不断方便着人们的日常生活、学习和工作。智能手机高度融合通信和计算两项功能，其内置的应用商店还可以进行各种移动应用的下载和使用，为人们的日常生活带来非常大的便利。人们已经越来越离不开智能手机和互联网。另外，互联网也从简单的收发邮件发展成融合阅读、下载、浏览等多种功能的社交平台，为人们的日常社交提供便利，用户人数与日俱增。互联网技术及其应用已渗透到社会的各个角落。现在，互联网发展进入一个全新的时期，即如何面向企业进行拓展而不局限于个体网民，以及如何实现产业互联网的发展而不局限于消费互联网。"互联网＋"行动计划就是在经济与社会发展呈现新常态的背景下提出的，具有促进产业转型升级、刺激消费、推动就业创业，以及提升治理能力的积极意义。"互联网＋"行动计划，受到社会各界的广泛关注，掀起了信息化与工业化融合发展的热潮。

未来，消费互联网的发展趋势将是产业互联网。任何一种产业的更新换代都将受到互联网的制约和推动，并且泛互联网化将成为每一种产业发展的必然特征。随着信息通信技术的不断发展和应用，各种创新形态演变和行业新形态将会不断涌现，并形成一个相互作用、相互影响、相互推进的关系网，这将给传统产业带来颠覆性的改革。当然，传统行业的转型并非简单地应用"互联网＋"，还要将互联网进行深刻的渗透和融入，带动其供给方式和需求方式产生全新的变化，极大改变经济和社会的发展方式。在未来的信息社会，网络将是社会经济转型的重要动力。除此之外，数据、计算、知识等也将为社会转型带来极大的推动作用。"互联网＋"产生的融合应用是一种"化学反应"，将会推动社会经济走向极大程度的创新。

三、"互联网＋"的出现

2012 年 11 月，首次出现"互联网＋"的概念。提出："互联网＋"是移动互联网产生的根源和基础所在，它可以将产品和服务进行多屏全网连接。人们开始关注和讨论"互联网＋"将怎样改变金融服务模式、"互联网＋"将给传统企业带来怎样的变革等一系列话题。

2014 年 11 月，将互联网定义为一个为大众提供创业和创新服务的工具。"互联网金融"也在这时提出。

2015 年提出的"互联网＋"行动计划促进云计算、物联网、大数据和移动互联网对现代制造业产生深远的影响，为互联网金融、工业互联网和电子商务等众多领域都提供全新机遇。"互联网＋"开始真正进入人们的视线，并对人们的生活方式产生重大影响。

第二节　"互联网＋"的内涵与特征

一、"互联网＋"的内涵解析

（一）"互联网＋"的概念界定

"互联网＋"将互联网创新成果渗透到各个行业和领域中，使生产力和生产效率都得到质的提升，为实体经济的创新提供技术支持，促进以互联网为前提的社会经济发展新形态的建立。关于"互联网＋"的定义主要有以下几种。

"互联网＋"是一种新的经济形态的表现，它可以优化和集成生产各要素，并在经济社会的不同领域中融入互联网的创新成果，使实体经济的创新力和生产力得到较大的提升，并促进以互联网为前提的新的经济发展新形态的建设。

"互联网＋"是指利用互联网的平台、信息通信技术把互联网和包括传统行业在内的各行各业结合起来，从而在新领域创造一种新生态。

"互联网＋"是指以互联网为主的一整套信息技术（包括移动互联网、云计算、大数据技术等）在经济、社会生活各领域的扩散、应用过程。其在内涵上根本区别于传统意义上的信息化，而是重新定义了信息化。"互联网＋"有效地促进传统产业的在线化和数据化进程，需要将互联网这一基础设施进行普及。只有将互联网作为基础设施和实现工具进行广泛普及，才能将其优化和集成生产要素的优势充分彰显出来，并在经济社会的各个领域中更好地融合互联网的创新成果和创新优势，使实体经济的生产力和创新力得到有效提升，并促进经济发展新形态的构建。它是以信息经济为主流经济模式，是互联网与传统行业融合发展的新形态、新业态。

综合上述定义，可以将"互联网＋"定义为：它是互联网思维进行实践化，并在经济社会各领域中融入互联网的创新成果，推动传统行业与互联网的深入融合和相互渗透；它是建立在信息通信技术基础之上，引起传统经济社会的全面变革，带动生产效率的提升、生产技术的进步以及经济组织形式的变革，使实体经济的生产力和创新力都得到有效提升，从而促进经济社会发展新形态的构建。

（二）科学认识"互联网＋"

我们可以将"互联网＋"的内涵看成是"互联网＋传统行业"，是在传统行业的基础上融合信息通信技术和互联网平台，并以此进行经济社会新形态的构建。"＋"是联合和结合的意思。因此"互联网＋"是由两个因素所构成：一个是互联网；另一个是其他传统产业。它是为不同产业发展所制定的行之有效的计划，而完成这一计划的重要手段是结合传统产业与互联网的优势和作用，并且"互联网＋"概念具有整体性特征。它的目标是促进传统产业的升级和换代，并在传统产业中结合平等、开放和互动的互联网特征，以及在大数据的分析和整合作用下，形成清晰的供需关系，从而促进传统产业的产业结构以及生产方式的变革，为经济发展提供新的机遇和动力，为社会的健康、快速发展保驾护航。正确理解"互联网＋"，必须对以下四点有清醒的认识：

（1）避免把"互联网＋"仅仅看作一个工具。要正确理解"互联网＋"，一定要走出狭义的工具论误区，应该把生态性作为"互联网＋"不可缺少的一项重要因素。它是建立在互联网技术和互联网平台的基础上并渗透到传统行业中发挥作用的，从而促进新的价值与新的发展生态的形成和发展。"互联网＋"代表一种新的经济形态。它将起到改造传统行业业务模式、创新传统经营理念、提升实体经济创新力和生产力的重要作用，并促进经济社会发展新形态的建立。

（2）与"互联网＋"建立普遍联系。"互联网＋"的到来，使几乎每个人都有一个"互联网＋"，很多网民的时间、空间、生活、关系、职业、行业等与网络世界不可分割地成为一个整体。每个人都可以对"互联网＋"给出自己的定义并进行解读。重要的是在"互联网＋"这个潮流中，每个人积极拥抱"互联网＋"，主动适应"互联网＋"的改变，主动运用"互联网＋"改变自己、改变社会。

（3）"互联网＋"不仅仅是连接，更是跨界融合。"互联网＋"的特质是"跨界融合，连接一切"。如果连接一切代表了"互联网＋"和这个时代的未来，那么跨界融合是"互联网＋"目前最主要的特征。

（4）用生态、联系的观点看待和解读"互联网＋"。它是一种重要的生态要素，因此在认识和了解它时要从它的全局性、系统性和协同性出发。"互联网＋"可以联系任何一个传统行业，如教育、医疗、物流、交通、金融等，但是想要全面认识"互联网＋"并非将两者简单相加就可以，而应该在信息通信技术和互联网平台的基础上融合传统行业和互联网，从而创造新的发展生态。

"互联网＋"是综合互联网平台和互联网技术，融合互联网和传统行业，提高生产效率和生产力，从而促进新的价值和新的发展生态形成。开放自由的互联网思想是"互联网＋"产生的前提和基础，它将对人们的产业运行模式、社会发展形态和个人生活模式的变革产生重要影响。它是工业化转型时期的重要产物，将对传统制造业、服务业、金融业和物流业产生新的动力，促进其升级换代。"互联网＋"代表一种全新的经济形态，它将促进传统行业模式的创新、生产要素配置的优化、实体经济创新力和生产力的提升以及经营理念的创新，为社会经济发展创造新的增长点。

二、"互联网＋"的核心特征

（一）跨界融合

"互联网＋"是一种全新的变革，是一种开放的发展模式，更是一种跨界发展的创新思想。当然融合也是"互联网＋"的一个重要意义，通过融合，行业的适应性和开放度都得到较好的提升，更好地协调两者之间的关系。若每个行业都能很好地融入互联网思想，将极大地促进传统行业的更新换代，焕发出新的生产活力。

"互联网＋"的跨界融合，其本质是要求双方具备亲和力，并激发其连接性、开放性、生态性、融合性以及契合性。互联网的发展和普及必然会影响其他产业的发展，这也将是经济社会未来的一个发展趋势。跨界思维是互联网不可或缺的一个理念，而并非只是服务于跨界和创新需要。

"界"既指思维观念之间的界限，也指行为方式之间的界限。"互联网＋"也好，"一夜跨界"也罢，其体现的是系统重组能力的大小。这又完全区别于多元化发展，不仅是指不同领地之间的跨界，也并非单纯的行业延伸，而是体现出对组织和系统的一种重组力量。跨界的本质也并非简单的物理定义，而更应该从企业的内部资源整合进行调整，并对系统结构和组织边界进行必要的突破和重组。这需要有强大的系统再生能力和系统重组能力的企业才能完成。

跨界不仅需要颠覆传统的对外商业模式，更需要颠覆组织内部系统。跨界不仅要体现在思维和战略上，更需要体现在系统调整上，如此才能做到高效跨界，发挥出跨界的魅力。若组织无法达到一定的协同性与融合性，则将无法激发出良好的跨界效果，影响其创新能力的发挥。具有柔性化、协同化、动态化的组织内部，并具有一定的灵活性，跨界才能顺利完成。

（二）创新驱动

当今社会是一个数据经济时代，也是一个信息经济时代，甚至还是连接经济时代。无论怎样，时代总是在动态发展中，时代发展到任何一个阶段，都有一些因素影响其发展和前进。随着时代的变迁和社会的进步，粗放型的资源驱动增长方式的不足越来越凸显，这就要对垄断性的条框和格局进行突破，为创新创造营造外部环境，促进生产力发展，从而使得环境和条件有利于协作、融合和跨界。这也是互联网的意义所在，在互联网思想的引导下，更有利于激发创新思维和创造能力。

目前，我们正在经历创新驱动发展转型时期。突破传统机制的限制，最大限度地激发创造精神，落实协调创新、跨界创新和融合创新的发展，是"互联网＋"发展的一个重要态势。

（三）重塑结构

重塑结构起源于互联网时代。全球化发展、互联网时代和信息革命都对传统的联系、文化、经济和社会产生巨大影响。重塑结构的同时，也催生出更多的要素，如连接、规则、对话等。

互联网使用户、股东、服务者和伙伴等身份可以相互转换，这是对关系结构的一种重塑。它使人们不再受地理边界的限制，并且重新定义管控模式和相关规则。与此同时，商业模式也在不断的发展变化中，企业也在进行关系、连接的转换。互联网给人们提供更加对称的信息资源，突破物理界限的限制，从而出现信息的民主化、创造的民主化和参与的民主化等，不确定性成为互联网社会的一个重要特征，分享和共享成为一个重要标杆。企业管理者开始关注卷进式设计和接触点设计，品牌传播和商业运营也开始讲究注意力的集中和引爆点的发现等。

互联网开始重新定义合作、雇佣和组织等关系结构。现实世界和虚拟世界被分裂开，动态组织、自我雇佣、自媒体成为互联网的代名词，并且个人可以定义某些连接的协议。

互联网的出现使社会交易成本大幅度下降，使社会的运营效率得到提高。移动终端已经成为社会发展不可或缺的一个重要部分。移动互联网被各种用户需求所充斥，人们不但可以通过移动互联网满足自己的购物需求、娱乐需求、信息需求、通信需求以及传播需求等，而且还能给予用户参与设计、创新、传播和创造内容的权利；同时，还可以参与管理，像物流评价、购物体验等，都是进行侧面管理的体现。

（四）尊重人性

互联网将尊重人性放在第一位。对人性的尊重、对用户体验的尊重、对人创造性的尊重都给互联网的发展和普及提供了条件和基础。通过尊重人性、透视人性而催生的分享经济，开展合作、满足需求等都是人性的体现方式。人性是最小的单元，也是最后逻辑的出发点。任何互动和平台的建立，都是从人性的角度出发进行设计、思考、开发和运营的。创新驱动不但是对机制的改革，也是对机制的重构过程，从而对协作生态、创业生态和创新生态进行重塑。从另一个角度来看，这也是一种人性的开放。

（五）开放生态

生态具有一定的开放性。只有对生态进行优化，才能更好地进行创业、创新，才能做到跨界融合和协同，使格局更加开放。无论是企业，还是行业，都需要先做好内部生态的优化，然后才可以对接好外部生态，使生态更加具有融合性，实现产业和研发的连接、技术和金融的连接。因此，未来企业的跨界能力的大小将受其生态性、开放性影响。若缺乏开放性，则不能有效统筹跨界战略，对新的商业模式的思考和设计也无法到位。

为了确保融合性，需要先具有一定的开放性。只有开放的生态系统才具备共通点，才能进行跨界。除此以外，还可以进行跨界合作规则的探索。企业内部生态圈的延伸将是未来跨界的重要依据，只有协同交互与融合外部生态系统，才能使跨界激发创新和活力。

目前一直倡导人们进行万众创新、大众创业，这是为了促进创新型小微企业的孵化和培育，并为其成长为经济发展骨干企业而创造条件，为经济发展带来新的机遇。在实现这一目标中，创新、创意和创业成为最为重要的因素。精心的设计，要素之间连接性和能动性的最大程度的发挥，都将是生态构建的重要条件。生态内外都需要进行一定的信息交换，因此，开放性也是生态构建的必备因素，而独立、尊重和个性的存在，能确保生态内外各要素之间进行分享、融合与交互。

（六）连接一切

对"互联网＋"的理解，需要正确认识它和连接之间的关系。连接是跨界、创新和融合的前提与基础，是一种存在形态和对话方式的体现。若缺少连接，"互联网＋"将不复存在。连接具有不同的层次，连接性也有所不同，因此会产生不同的价值。"互联网＋"的最终目标将是连接一切，而这少不了技术条件（如云计算、物联网、大数据以及互联网技术），各种场景、各个参与者（如平台、行业、系统、人、物）以及信任等各种要素。其中，最为重要的则是信任。互联网为人们提供更加全面的信息，可供人们选择的连接节点也非常丰富，而对人们选择节点最重要的影响因素则是信任。只有产生信任，才能使连接无所不在，才能防止信息的封闭和阻塞。

第三节 大学生创新创业教育理论

一、大学生创新创业教育内涵

大学生创新创业最关键的是要培养学生的创新能力和创业精神。在对其进行培养之前，要先对人才的需求和素养进行系统的分析，并且对创业的理论有深入的了解，还要知道哪些是有利于学生成长的培训重点，然后，在这些基础上进行具有针对性的创新创业相关知识的培训。

（一）创新的概念界定

"创新"具有创新、创新的物质、改变这三层意思。"创新"刚开始是运用在经济学中的术语，通常将按照新的思维、新的方向进行的新发明或者对事物的新描述统称为创新，这是一种概念化的进程，是指人类的创造力、人格和思维的一种特点描述。研究者对创新人才这个概念具有比较广泛的定义，他们将有关人的个性发展、利用创新意识和创新能力的所有东西都包含在内。具有创新概念的人才包括八个特点：①有明显的个性和辨识度，并且具有独立性格；②求知的欲望很强烈；③有很大的好奇心理，对很多事物都要钻研和探索到底；④有很强的观察能力和广泛的知识面；⑤在具体事务的执行中注重理性要求，能够做到严格性和准确性；⑥想象能力丰富并且具有抽象思维能力，具有敏感性，对智力方面的知识很有兴趣，热爱游戏；⑦具有幽默感，具有文艺气质；⑧有坚定的意志，能够经受住各种考验和诱惑，具有很强的专注力。

创新还指突破现存的思维模式，按照异于常人的方式处理问题的一种能力，在这个过程中会结合相关的所学知识、经验，应对特殊环境中的所有问题。其出发点是要为社会需求做贡献或者追求自身理想，对现存的事物进行创新和改造。由于这种特殊的认知和实践能力的体现，因此人类表现出高级的主观能动性，成为促进社会发展的重要动力。社会的进步和时代的发展，都需要创新思维的支持。

（二）创业的概念界定

"创业"是一个具有多重内涵的术语，本意是指创业家或者企业人。"创业"和"企业家"在内涵上具有相关联的关系。从多种角度对"创业"进行研究和探索，会发现其具有明显的特性、类型、过程和范围等。

创业包括创造和创新两个步骤。创业是要对思维进行开拓创新，对旧的事物进行改变，因此创业对于生活和生产以及社会经济的发展等具有重要的积极意义。但是，创业也有一定风险，创业的人需要具备承担这种风险的勇气和毅力。创业获得成功，自然能够享受创业带来的诸多收获和福利，因此努力的创业者通常都会获得相应的回报，并且这种回报还很丰厚，有的会提升自身的成就，有的会创造出更有智慧的东西。总体而言，创业是充满艰辛的路程，随时都会出现各种不可预测的风险和困难，创业者需要具备面对诸多困难的勇气。

如果从创业的内涵上来分析，创业具有广义的概念和狭义的概念。前者主要是指人类通过创新的思维开展具有积极影响的相关社会活动，后者则是指创业者针对自身的资源和现状，采取创新的方式对其进行优化和重新配置，并产生更大的回报和收益的过程，即创业在生产和经营的过程中，通过开创自己的事业实现自身的回报和收益。

（三）知识型创业的概念界定

身处知识社会中，创新创业对创新驱动提出需求。在实现创新驱动的过程中，创业者基本都是接受过高等教育的群体，我们通常将这群体称为"知识劳动者"，他们是具有深厚知识基础的劳动者。在创业过程中，需要思考并培训相关的创造性思维以促进创业成功。

知识溢出创业是知识型创业的别称。创业的过程是知识溢出的结果，或者是对知识进行改造的一种形式。在这个过程中，对知识进行创新的人将会获得新的机遇、得到新的知识。与此同时，知识劳动者是知识型创业的主体。他们大都受过良好的高等教育，具有完整的知识结构和丰富的知识体系，在新观念的接受和创造上比较有建树，并且容易接受新的事物以及对事物进行探索和再造，以此来应对社会的发展和环境的变化。

从文字来看，知识型创业是指需要较高学识的一种创业活动。相关的专家也指出，知识是未来创业的重要方向，这些知识来源于现实社会，是在企业的生产中被创造出来，因此知识型创业是一种知识溢出的必然结果。新的企业会将未被商业化的知识进行商业化处理，并以企业的形式进行创业和发展，这种知识型创业需要具备强大的创新能力，需要对知识进行吸收、消化和创新等环节。在创新能力的凝聚方面，需要依托良好的需求条件、可行的企业决策以及相关的生产要素等的支持，但是，最重要的是要对知识具有良好的吸收、消化能力，以及对知识的创新。由此可见，可以将知识型创业活动看作是在整个创业网络中具有更多吸引因素的一种创业，它不但可以对已有的创新网络进行巩固和拓展，还能够在大环境中找到新的创新型群体，适应新环境的发展和变化。

随着知识型经济的产生和发展，人们越来越重视知识型创业。它不仅能够带来很大的社会价值和现实回报，并且能够促进知识创新和创业发展，对知识型创新创业越重视，越能促进知识经济的发展。有诸多案例表明，知识型创新创业对社会的发展和经济的发展产生了重大影响。

（四）人才培养模式的概念界定

在特定条件下，以相关的教育思想和理论为指导，为了实现某种目标而将教育教学的方式方法进行相关风格固定和特征识别的过程称为人才培养模式。人才培养模式具有系统性、规范性和计划性。其中包含诸多的培养要素，主要有课程体系状况、教学计划模板、专业设置模式以及跨学科培养模式等。这些都是为实现培养目标而进行的工作，各要素之间具有特定的逻辑关系。

人才培养的模式标准有差异，由此产生人才培养模式的差异。这种差异主要包括以下几个方面。

（1）培养目标。培养目标有很多种表达方法，它是指承担培养的学校、教师等要承担的具体培养要求，可以从人才本质、培养要求、培养方向等方面进行细分。培养目标是由以上几种要素以及学生的基础特征和所处的环境所共同影响和决定的，它代表整个培养模式的核心。人才培养目标是对即将培养的人才的质量和相关要求的总的考量，通常包括 3 个方面：为社会培养、为相关专业领域培养和全面培养。这里所说的全面培养是指身体和心理的全面发展。

（2）培养内容。培养内容可对培养对象直接产生影响。学校人才培养的内容一般通过课程培训进行。除了规划内的课程，还有相配套的课外活动、游戏以及价值观的探索，相关的行为和态度，学校的校风校纪等，这些都会对学生产生直接的影响和教育作用。

（3）培养过程。培养过程是为了达到培养的目标而进行的所有操作。在相关制度规定下，通过教材、实验设备等的相互配合，并通过特定的方式进行教学的过程称为培养过程。这是人才培养的前提，包括课程体系的完整性、专业设置的合理性以及培养方式方法的准确性等。

（4）培养制度。培养制度是指有关人才培养的重要规定、程序及其实施体系，是人才培养得以按规定进行的重要保障与基本前提，也是培养模式中最为活跃的一项内容。它主要包括专业设置制度、修业制度和日常教学管理制度三类。

（5）培养评价。培养评价是指依据一定的标准对培养过程及所培养人才的质量做出客观评价和科学判断的一种方式。这是在人才培养过程中具有重要作用的一个环节，是对上述的目标、过程、制度等的监督和检验，并能够对出现的问题进行及时的反馈和更正。

由此可见，在人才培养体系中，人才培养模式既不是单纯的内容，也不是单纯的形式，更不是单纯的目标和结果。从培养模式的本质来讲，虽然这是一种过程，但是这个过程需要对相关的要素进行搭建、设计和管理。

二、创新创业教育的组成

（一）创新与创业的关系

"创业教育"的内涵在不断变化和发展，具有历时性。高校中，创业教育是从技能和实践出发，是指狭义的创业教育，可见，大学生的创新创业是依托当代的经济和社会发展而形成，并对相应的变化进行回应。在这个时候，创新型人才对于创业活动非常关键，这对需要具备创新精神、创新意识和创新能力的创业教育具有重要意义，也符合高等教育改革的目标需求。

"创新"和"创业"都强调"创"的作用，即从无到有的一种探索，二者都对问题的提出、分析和解决进行强调，并重点体现其开创精神，都以培养创新型人才为共同目标和追求。如果与广义的创业教育理念作对比，将创新理念同创业教育进行融合更有利于培养创新精神和创新能力，更能够对学生的发展有所帮助。但是鼓励学生进入创业领域，并不意味着将那些不敢面对就业环境的学生投入到创业中，因此"创新创业教育"的新型理论和定义也被提出来，它是指学生除了具备创业意识、创业精神、创新思维外，还具有良好的价值取向，是创新环境中所提倡的一种教育模式和教育理念。

"创新创业教育"是一种符合时代发展的产物，是与社会相适应的新型理念。创新代表的是内部，创业代表的是外部，创新才是本质和核心。实际上，创新教育是对学生进行全面培养，并且使其具有全局意识。创业教育不但重视学生自我价值的实现，更注重学生的全面发展。这两个因素是互相促进和紧密联系的，具有辩证统一的关系。某种程度上，创业能力的高低是一个人创新和实践能力强弱的直观体现，创新则是创业的前提，创新教育最终是要将学生培养成为能够适应创业工作的人群，让他们接受相关的考验。创业活动的完成情况取决于创新教育的稳定情况，创新教育和创业教育彼此交叉、相互影响、相互包含。如果从全局来看，创新教育和创业教育应该是一个有机的整体，受社会发展和经济发展趋势所影响和决定。

"创新创业教育"的提出是从广义角度来看待创业教育的，并且具有普及性。从严格意义上来划分，"创业教育"和"创新创业教育"还是有所区别的，但是这种区别很小，二者一般情况下也可以互通。在高等教育中，创新创业教育最重要的目标不仅要为社会培养成功的学生创业家，更是要注重学生的素质和道德的培养，要让学生具有创业能力和创业精神，并且成长为具有开创性的人才。创业学生需要具备的基础知识素养、创业思维、创造力、承担风险能力、事物辨别能力、创新精神等，创新创业教育都要教会学生。与此同时，其他相关的道德教育和实践动手能力的培养也不容忽视。

在对学生进行教育的时候，实践动手能力的培养特别重要。学校要引导学生能够自主发现问题并找到解决方法，同时，要具有自我意识和自我观点的表达能力，要具有创新思维结构。针对创新创业教育中有关设计方面的培养，若按照传统的教学方式进行教学，则不符合社会发展需求，应该重视贯彻创新和创业的指导思想，并在长期的动手和实践过程中，利用开放式教学模式和方法帮助学生培养自主学习的良好习惯，使他们从过去的学习思维中转变过来，以适应时代的发展。创新创业教育不仅对相关知识实现智慧体悟，而且还推崇教育的个性化和民主化，重视对学生各方面能力的培养。创新创业教育对学生的基础素养的教育是学生接受的所有教育中最重要的内容，也是素质教育的基础核心。在对学生自主能力和独立能力的培养过程中，应不断培养创新精神，在实践过程中，创业素质才能得到不断提高。这种理论结合实践的教育方式，正是当前社会发展和经济发展所需要的一种教育方式。

自从人类文明进入知识时代后，社会的经济活动受创新创业活动的影响越来越大。人类在探索世界和事物本质的时候，正是通过创新创业精神来实现的。在素质教育的基础上，创新创业教育开创出一种新型的教育模式，学生全面素质的培养和提高以及教育的质量、效果和收益等都是重要体现。目前，社会上所拥有的创新创业结果已经无法满足解决知识经济发展所带来的各种需求。在某些高校，大规模的教育、培训和创新创业人才的输出，已经成为高等教育的重要任务。"创新创业教育"是要对所有学生开展的一种教育模式，是一种专业领域的教育模式，是人才培养计划中的重要一环。"创新创业教育"是教育体制的改革和创新，是对教育理论和实践的历史性探索。

（二）创新教育与创业教育的关系

在高校中实行创新创业教育是将学生的素质教育、思想教育等进行有机结合的一种教育模式，对提高学生的综合素质有很大的帮助，能够帮助学生全面发展。可见，学生创业思维和创新精神的培养是高校教育的核心。人才培养目标的设定要具有统一性。如果学生具有创新精神和创业愿望，并且具有相关的能力和机会，那么便能够走上创业的道路，并且获得成功。创新观念是驱动创业的一种行为引导，这和创新理念中的价值观有异曲同工之妙，对大学生创新创业教育的教育思路和目标设定具有重要影响。

虽然创新和创业有很多共性，但是二者也具有差异。创新是指思维方面的一种变革和尝试，是一种精神层面的转化和创造。创业则是实际行动的一种体现，是在社会领域、经济领域的一种新途径和新尝试，是将商品或者服务进行提升的一种途径，是新财富产生的过程。一方面，大学生创业不能在创业领域进行谈论，而要从学生的创新思维、创业精神等出发，在创业指导的过程中对学生进行创新教育。另一方面，不能拘泥于狭义的自主创业，要和创业的机遇相结合，通过思想的解放、技术的创新来挖掘创业机会。创新和创业相辅相成，创新需要通过创业具体实现，而创业则需要创新的领导。创业是一种行动上的创新活动，而不仅是思想和意识上的行为，是对创新思维的具体体现。若创业不具备创新思维，则很容易走向失败。

创新教育在人的发展中具有主导作用，它培养学生的创新思维、挖掘学生的创新潜力，与传统的教育模式具有本质区别，它在教育活动中融入创新的因素。创业教育是对人的价值的一种体现，是对学生的创业精神、创业素质的培养，是帮助学生走向创业的一项技能教育，是为社会发展做贡献、为社会经济服务的一种教育模式。创业教育具有有限性，需要创新教育的补充和完善。创业教育还对创新教育具有内容方面的呈现作用，但是要完成创新教育的内容首先要保障创业教育的专业性不受影响。创新教育和创业教育不可分割，具有共同的价值取向和目标，是对学生的创新思维与动手能力的培养和教育。

素质教育是以学生的全面发展为目标，帮助学生成长的重要环节；创新教育是实现学生全面发展和特长培养的重要环节；创业教育则是对学生的目标和价值的体现。创新教育和创业教育具有相同的目标和功能，二者具有相辅相成、相互制约的关系，可以通过辩证统一的方法对其进行研究。创业教育是创新教育本质和核心思想的具体体现，创新教育又能为素质教育所重视，帮助培养出具有创新思维、创业精神的人才，帮助学校进行创新型人才的培养和输出，并为社会经济发展做贡献。在素质教育中，创业教育的实现有关键作用，可使学生获得新的创新精神和创新理念、培养良好的品质、获得专业的教育、具备创业的能力。因此，创新教育和创业教育对素质教育具有很好的促进作用。上述关于素质教育、创新教育、创业教育三者之间的论述，将三者的关系进行梳理，使人们更容易理解。

学生在接受素质教育的过程中，需要培养创新能力，这是为后续的创业做准备。在高校中开展相应的创新教育和创业活动，是为了提高学生的自主创新能力，是帮助高校实现从"技能型"教育理念转变为"素质型"教育理念的过程。这说明创新教育和创业教育在高校人才培养中已经十分重要。

（三）知识型创业与创新创业的关系

创新创业、创新教育、创业教育之间是紧密联系的关系，"创新驱动"对经济的发展方式的转变具有重要作用。若缺少创新，则知识型创业就无法进行，也不会带来经济的发展。在这种大环境中，创新和创业首次被结合在一起，创新更是成为创业的首要内容。创业的人只有拥有新的思维和理念，才能够对知识进行重组，并产生效益。"创新驱动"是人不断创新的一种结果，是"知识溢出"的重要推动力。大学生都受过高等教育，他们是这种创新模式的主要继承人。创新教育和创业教育在"创新驱动"的过程中具有很强的适应性，并产生人力资本的积累过程，即创业已经从技术制造走向知识创造。这是一种从知识型创业核心发展起来的目标。现在有很多的大学生，他们所接受的创新教育和创业教育很少，还没有达到理想的创业水平，这不但会造成创业能力的缺乏，而且还会影响经济社会的发展。"创新驱动"是在创新和创业实施的过程中发展起来的，是依托创新思想和创业活动而存在的，创新教育和创业教育是"创新驱动"的重要来源。

创业从原来的"资源驱动"发展到"创新驱动"的过程中，需要解决的两个重要问题：第一，人力资本的积累问题。这需要对高等教育的规模进行扩大，并将更多的人送入高校，将简单的劳动力转化为具有高等教育背景的知识劳动力，使他们能够具有更多的含金量，并符合"人力资本驱动"的相关转型和发展。高校进行扩招即是这个过程的开始。虽然在开始阶段存在很多争议性，但是这种转型还是建议果断地进行下去，并成为战略实施的一个部分。第二，"知识就是力量"的问题。这也是从知识到资本到创新再到收益增长的发展过程。科学知识本身不具备生产力，这种理论的核心是要找到相关的转型因素，以此作为创业指导的思想。在这两个问题的探讨中，第一个问题相关的目标已经被提出和执行，而第二个问题的相关理论和实践还需要进一步探索。

"创新驱动"是在知识中发展起来的一种经济模式，是在知识的梳理和生产力的组织中发展起来的。知识型创业是指基于创新这个前提，针对知识密集型的产品或者服务进行创业的一种模式，主要有新知识的挖掘、新知识的运用、新知识的创新、新知识的重新排列组合等。创新创业和创新驱动有很大关系，在高等教育中需要具有创新驱动的条件，不能按照传统的教学方式和人力资本积累方式进行，即在知识的创造过程中要注重知识的创新。知识劳动者是知识型创业的主要人群，即大学生才是知识型创业的主力军。

要想将创新教育和创业教育对人、社会和经济发展的作用发挥到最大化，首先要全方位的支持高等教育，具备高等教育水平的劳动者才是大学生创新创业教育的主要人群，现在和之后的很长一段时间内，这个群体都是很重要的。在创业过程中，他们的相关知识的沉淀和相关素质的形成都会有很大的作用。因此，高校更要对学生开展有关创新教育知识和创业教育知识的普及，贯彻创新教育理论和创业教育理念的实施，要让大学生具备创业能力和创新精神，这也是高校的培养目标。要根据高校和学生的特色，在教育过程中实践创新教育和创业教育的相关理论，鼓励学生要在各自的方向和专业领域进行创新，要培养学生的心智，将正确的价值观和已经成功的创业方向给学生进行展示，鼓励优秀的大学生进行创业，将自身的创业精神和创新思维发挥出来，将学生培养成合格的、具有求职能力的、能够为社会做贡献的人。

三、创新创业教育的理论依据

创新创业教育的主要目标是培养具有创业素养的人才，并培养这些人才的创造型个性，这不仅要培养学生在创业方面的能力、意识和精神，还需要重视社会人才的培养。在社会中的人，具有创业意识或者已经创业或者成功创业的都需要接受这种教育，要对他们进行分层次的教育和培养，帮助他们培养创业能力和创新思维。创新创业不只是思想上的行为，而且需要在接受相关知识的传播后转化和运用到实际的场景中。高校在对创新人才培养的时候不只是知识对教育进行创新，还需要依托强大的理论体系支撑其发展。

（一）人力资本理论

人力资本是指劳动者的技术、知识以及才能等表现出来的价值。在人力资本理论中，个体在学习和接受教育时所获得的知识和才能，是一种社会财富，是社会固定资本中的一种类型。在科技和经济的进步过程中，相关专家对人力资本的研究已经系统化。他们将人力资本定义为与人口质量相关的投资，是比物质投资更高效的一种行为。在人力资本形成的各个环节中，教育最重要。在很多学者看来，教育是一项巨大的投资，并且这种投资的经济效益对社会发展有举足轻重的影响。在人类的资本类型中，人力资本是最宝贵的资本，也是现代管理中的重要内容。提高人力资本的相关管理水平，不但能够促进经济发展，提高市场竞争力，而且还能更好地挖掘相关的潜能以及跟上社会的发展步伐，因此人力资本的管理具有非常重要的意义。在保证管理合理性的前提下，要对人力资源实现高效和精简的管理，要发挥其重要的价值。与此同时，在人的使用价值上，也要将其最大化，发挥最大效应。在相关措施的管理下，可以将人力资源的积极性和创造性发挥出来，尽可能地发挥人们的主观能动性去解决问题。随着人类社会的不断发展，社会和经济上的终极目标都是为了人的发展。社会的发展和进步会促进教育和培训地位的提高，特别是人力资源的开发和管理。

如今，人才的竞争越来越激烈，就业形势越来越严峻，社会经济发展方式也在发生巨大的转变，对人才的要求也越来越高，需要更高的素质、更好的能力、更健全的培养方法和更明确的培养目标。大学生除了要学习基本的知识和技能外，还需要在文化修养、创新精神、创业精神、创造能力等方面进行提高，这样才能够成为全面发展的高素质人才。人力资本理论为创业人才培养提供相关的基础知识，时代要求对创业人才开展培训，高校的创业人才培养对社会的进步和经济的发展具有推动作用。

（二）实用主义教育理论

实用主义教育理论认为，在教育中，要引导学生进行主动思考，并激发他们探索问题和解决问题，教师在这个过程中要融入到学生的活动中，而不是袖手旁观。在参与活动的环节中，教师和学生也能够发现教育的改革点，所有的教学都需要教师和学生双方参与，并具有互动，这是帮助建立师生之间平等原则的重要措施，也是共同学习的过程。

实用主义教育理论主要包含六个方面：①教育是生活，二者应该是融合在一起，而不是专门为未来生活而开展教育；②教育是个人成长和积累经验的过程，教育的终极目标是让学生在环境中积累相关的经验并实现成长；③教育的本质是一种成长，是个人经验不断增加的过程；④要按照学生的相关经验为核心来设置课程，而不是只从学科的角度来设置相关的课程系统，要进行突破；⑤在教育过程中，教学工作不能从教师的角度出发，教师的角色已经演变成辅助者，学生才是整个教育的核心；⑥在教育和教学中，要激发学生的创造性，要让学生学会独立思考，发现问题并解决问题。

现在大多是以实用主义教育为主，实用主义还有很大的社会价值，在未来还有很大的发展潜力。总之，实用主义教育的理论是站在学生的角度、以学生为核心的理论，包括活动的课程、相关的思想等都要考虑学生的发展。这不仅是教学模式的探索，而且对创业人才的培养也有很好的借鉴意义。

（三）创新型社会理论

在创新体系建设中，高校从生产到建设以及服务和管理等都肩负着时代的使命，也承担着重要责任，更背负着为社会培养创新型人才的重大任务。创新型人才是推动科技生产力的重要力量，能够为社会生产的科技转化、社会现代化的建设贡献自己的一份力量，并且这种作用具有不可替代性。创新型人才不仅是社会现代化建设过程中的重要环节，也是创新型社会建设的重要手段。

（四）人的全面自由发展理论

人的全面自由发展包括两个含义：第一，人在性格和智慧上得以进行全面的发展，并且这种发展具有合理性，即一个人在智商、情商和道德方面都得到全面的发展，并且三者的发展具有和谐性；第二，人的天性和能力能够在自由状态下被发挥出来，并有良好的发展空间，即人在生命活动的过程中，会对各种活动进行自觉创造，进而出现"一切人的自由发展"和"每个人的自由发展"的观点，并且出现辩证关系。人的全面自由发展包括个性的自由、性格的培养、智力的发展等方面。传统教育过程主要是按照社会类型的目标对人才进行培养，整个教育的过程具有共性，不注重学生的个性发展，与人的全面自由发展的理论相背离。从创新人才的角度来看，创新能力、创新思维、创新品质等都是以人为本，并且是一种自由发展的状态，有利于人的全面发展，是与社会、经济、文化的发展相协调和统一的。人的全面发展有利于社会文明的建设，有利于社会财富的增加。从另一个角度来看，社会的精神财富越丰富，人的全面自由发展则越有可能。

人的全面自由发展理论在高校教育中已经产生很重要的影响。"以人为本"的科学发展，是将人的全面发展和自由发展作为整个社会发展的重要途径。在培养创新型人才的过程中，最高的标准是要保障人的全面自由发展。这也是高校实施科学发展的重要途径，所有高校要对现有的教育理念进行变革，要"以学生为本"，要充分尊重学生的个性发展，要尊重青年的生理发展和心理需求，为培养具有高素质的全面自由发展的人才做贡献。

（五）知识转化理论

从是否可以被准确地表达和转移的角度进行划分，可以将知识分为隐性知识和显性知识两种类型。在社会生产和社会生活的过程中，隐性知识无处不在，需要人为地去挖掘和总结，将其形成系统的理论。隐性问题被解决的过程是社会技术进步的体现。技术的进步不是一朝一夕，而是日积月累的一个过程。将隐性知识转变为显性知识是一个对知识重复利用的过程，其中的关键是要对信息进行收集、分析、整理和传播。信息在这个过程中不断被融合和使用，并伴随着新的理念的产生。个人的知识想要达到共享的状态有很大难度，但是在传递的过程中，若相关的观点和信息也被记录，则其他人便会对这些知识进行感知、理解和内化操作，并结合自身的知识体系形成新的知识要点。内化是指被挖掘和创造出来的新的显性知识以隐性的形式在组织的其他成员中传播的过程。将其隐性化的主要目的是实现知识的创新运用。知识管理的最终目标是促进其创新和运用。组织在竞争中的生存，也需要依靠组织的知识体系是否具有创新意识，是否有新的知识被创造出来，以及是否及时对知识进行更新换代等。在知识从隐性到显性再到隐性的转化过程中，组织的竞争力得到提升，完成对知识的综合管理，并形成良性循环。

以上对于知识的转化、创造和提高的过程中，其核心是将隐性知识转化为显性知识，是知识效益的最重要的提现方式。在企业中，员工的个人隐性知识具有竞争力。能否将这种核心竞争力进行激发并尽可能清除转化过程中的诸多障碍，直接关系到企业新知识水平能否提高。生产一线的劳动者，除对隐性知识进行显性化外，他们本身的工作是需要具备智力因素，也需要不断进行创造。高校培养出的人才，主要是具有高技术的专业化人才，这些都是未来生产一线的劳动者。他们在劳动过程中会学习很多新的知识，并且智力也会得到提升，最终为整个社会创造价值。

（六）创业管理理论

第一，在创业过程中，核心的驱动力是商业机会。在这个时候，主导者是创始人或者整个创业团队，想要获得创业成功，资源因素是一个很重要的因素。在创业的时候首先需要有创业的机会，这不是资金、团队、网络或者商业计划书所能替代的。在创业刚开始的时候，资源因素和商机因素具有动态性的发展过程，从适应到产生差距再回归适应。在创业过程中，商业计划的重要作用是沟通，它是资源、商机和创业者进行沟通的质量保障，是对所有状态进行平衡的一种规范和标志。

第二，创业的进程是资源、商机和创业者三者之间形成动态平衡结果的状态。创始人和整个创业团队是整个模型的最基本组成部分，他们需要对各种情况进行平衡和配置，并保障创业进程的稳定发展。通过这个过程的执行，他们需要判断出商业机会的收益，预估相关的风险，并找到解决的方案，同时，还需要对资源进行合理的配置和利用，以及对工作团队进行适当的分析和评估。

第三，创业是不断对行为组合进行平衡的过程。综合资源、商机和创业者这三个影响因素，想要处于决定平衡状态是不可能的，但是企业需要维持稳定的发展状态，因而需要营造一种动态的平衡。要利用这种平衡的观念树立企业未来的发展方向，这时候创业者所需要考虑的问题是：当前的团队是否具备引导企业未来发展和成长的能力，是否能够分配未来的企业资源；企业在未来还会面临哪些问题等。这些问题在创业过程中会不定时出现，而且出现的方式可能各式各样，对企业的可持续发展会产生很大的影响。

创业管理理论详细论述了创业过程中的商机、资源和创业者之间的关系，并进行了仔细分析。该理论为人才计划提供重要参考的重要依据，对创业人才的素质培养具有重要意义。

第四节 大学生创新创业教育发展

一、经济转型期创新创业教育的主要特点

（一）观念教育先于行为教育

创新创业教育内容主要由两个方面组成：一个是创新创业观念，另一个则是创新创业行为。在经济转型时期，创新创业是转型成功的一个重要保障。只有激发学生的创新创业意识和思维，才能使其有创新创业行为，因此高等教育体系也开始注重结合创新创业教育理念，并使学生具备一定的创新创业知识。在社会经济发展过程中，企业家的作用是不可或缺的；通过创业，学生可以实现个体的全面发展和自我价值，这都是在创新创业思想上的重大改变。学生具备一定的创新创业意识后，可有效推动大学生自主创业，缓解当前严峻的就业形势。当然，对于创新创业教育对企业开创的意义要给予充分肯定，才能吸引大批的人才投身创新创业教育中。

（二）以知识型创业为目标

知识型创业目标将是创新创业能力教育的主要内容和基本内涵。从创新创业的特征和本质来看，知识劳动者是知识型创业概念的主体。这种创业是建立在创新思维的基础之上，是凝结、吸取和聚集创新能力的过程。如企业决策、生产要素和需求条件等变量都是凝聚创新能力的重要推动因素，但其内在变量才是最为重要的推动因素，即创新创业能力的大小和产业知识的吸取等才是决定创业能否成功的重要因素。

（三）以自我实现为目标

创新创业教育最终是为了实现分层次、差异化和全覆盖的教育目标，是为了促进学生自我价值的实现。因此，创新创业教育是针对所有学生而展开的，目标是为了培养学生的创新意识、创业精神和创新实践能力。创新创业教育应该针对有创业想法的学生进行有目的性的个性化教育，使学生具备一定的创业基础知识和实战技能。同时，创业教育还需要结合专业教育，使学生既能获得创业实战技能的提升，也能提升综合素质，从而体现高校教育的全校性和专业性，帮助学生实现个人价值和全面提升。

（四）保持长期持续性

创新创业教育其实是针对所有的学生进行，并注重创业教育和专业教育的高度结合，促进学生成才的一种教育方式。创业教育对一些规定俗成的教育任务无须过多赘述，而是应该将每个学生都当成具有个性的、与众不同的个体，从而为学生规划人生道路，并非只是为了达到一个短期目标。因此，创新创业教育是一项长期的、艰巨的教育任务。

二、"互联网＋"背景下开展创新创业教育的必要性

（一）有利于社会经济的转型发展

知识经济是一种具有创新动力的资源。它将知识和科技信息的重要性放在传统的土地、原材料、资本和劳动力等资源之上。这是继以自然资源生产为核心的工业革命之后又一次重要的社会变革，怎样将人的创新潜能最大化，将是其主要任务。当然，经济的发展必然是建立在知识提升的基础上的，创新型人才的培养是提升知识的重要手段和途径，而创新型人才是一种高素质、复合型的人才。在知识的传播、创造、转化和应用中，高校的作用极其重要。它将推动知识经济的发展和壮大。现在为了适应知识经济社会的发展需求，要求高校对人才培养做出适当的调整，其目标将转换为培养创新型人才，而非只是传统的就业型人才和应用型人才，因此培养具有强烈创新意识、创新精神以及创新实践能力的高素质、复合型人才将成为社会经济转型时期高校人才培养的首要目标和最终任务。

目前，我们正面临着资源配置和经济发展方式的重要转变，这也正是经济转型的重要时期。旧的影响未完全消除，新的模式尚在起步摸索阶段，其运行机制还未发展成熟，有很多矛盾和不稳定因素影响着经济的发展。只有对传统经济模式予以改革，才能更好地适应未来经济社会发展的要求，促进经济的高速稳定发展，而高校开展创新创业教育在一定程度上可以为经济社会转型保驾护航，从中涌现出大量的新兴工业和新兴产业，为经济发展创造新的增收点，使产业链得到更好的优化和延伸，为产业结构的完善和提升营造有利的市场环境。为了培养既备专业知识又具有创业实战技能的人才，需要高校在教育中融入创新创业培养理念，从而使学生具备更强的竞争力。这也是高校为适应社会经济转型所必须进行的改革目标。

（二）有利于教育改革的深化

教育发展的深入改革能有效提升全民综合素质，从而促进知识经济时代科技的发展，能够更加适应社会经济发展的需求。创新创业教育改革要在传统教育和传统就业的基础上进行，这样有利于推动知识经济的发展，优化和改进经济体制，从而满足市场对人才的需求。创新创业教育不仅积极促进受教育者转变传统的创业观念和就业理念，而且还对人们的教育观念转变产生积极的影响。这也代表着高校教育改革取得一定的成绩，但是未来还有很长的路要走。现在是一个关键时期，决不能放松改革的步伐。高校教育要基于本土的实际情况和教育现状，并结合优秀的教育经验展开具有创新意义的教育改革，为形成特色的创新创业教育而努力。

教育改革涉及各个方面，无论是从教育理念到内容体系，还是从方法手段到环境设备，都要进行创新改革，从而完成创新创业教育的顺利转型。提高全民综合素质，使创新创业教育人才真正发挥自己的所长，确保经济建设的稳定发展，这也将是在很

长一段时间内创新创业教育改革的重要目标。从教学内容体系的角度来看，平衡专业和行业之间的关系，并且让专业得到不断的拓展，构建和完善受教育者个性化的知识结构体系，这是创新创业教育改革所要达到的教育目标。要想使受教育者具备强烈的创新创业意识，从教学形式的角度来看，不但要发挥传统讲授教学方式的积极作用，而且还要利用各种练习、角色扮演、案例分析以及讨论等丰富创新创业教育方法，让学生能够把握住发展机会，从而抓住创业机遇，寻找更为合适的创业伙伴。还可以多参与各种形式的创业实践活动，积累丰富的实践经验和实践技能，为以后的创业做好准备。这都需要从根本上对传统教育进行改革和升级，促进社会、经济和教育三方的协调与发展，培养学生的创新精神，提高学生的实战技能。

创新创业教育不但能够使全民的综合素质得到有效提升，而且还能促进高等教育改革。这是知识经济发展的必然方向，也是高等教育必须面对的重大挑战和责任。高校进行创新创业教育具有两个方面的内涵：一个是创新创业教育活动的开展，有利于培养学生的创业观念和创新精神，对整体素质的提升具有重要意义；另一个则是创新创业教育有利于完善和改进经济转型时期的高等教育内容体系。

（三）有利于推动区域经济的发展

创新创业教育理念的深入发展，有利于挖掘和培养创新型人才，推动社会经济的稳定、快速发展，同时，也对区域经济发展起到一定的支撑和推动作用。任何一个区域都具有自己的特色产业和优势产业。这也是推动区域经济发展的重要内动力，而创业者更是区域经济发展的一个重要因素，他们的素质和能力都将直接影响着经济的发展，对区域经济的长期稳定发展有着至关重要的作用，同时，还制约着企业创办数量的增长速度。这些都是衡量区域经济发展水平的重要因素。

（四）有利于大学生个人素质全面发展

经济的高速发展，离不开千千万万的高素质劳动者的努力付出和辛勤工作，而一个高素质的劳动者，不但需要在基础文化素质、技术、职业素质以及思想品德素质上达到一定水平，而且还对创业素质有较高的要求。创业精神和开拓精神是一个高素质劳动者所必须具备的精神，也是推动社会建设的重要条件和前提。创业者的目光不能只停留在提高自身能力和实现自我价值的层面，更应该从社会贡献的角度来看待自己的创业。创新创业素质是受教育者应具备的最基本的综合素质，它能有效引导受教育者向更高层次的素质发展。学生的创业发展将是一个长期的、艰苦的过程，会遭受各种各样的挫折，遇到各种各样的挑战，并受到来自外界和自身因素的影响。自身因素主要包括创新创业知识、素质、能力和意识等。这些素质都需要学生通过创新创业教育才能具备，并激发他们的创造潜能，发挥他们的优势，为其创造更具优势的市场竞争力，帮助创业者进行职业发展规划，体现自身社会价值。

在素质教育过程中，最主要的目标是培养学生的创业意识和提高其创业能力。一个人的创新潜能和实践能力将决定他能否创业成功。而创业的成功更离不开扎实的创新教育。创新和创业的本质是创新实践，所有的创新创业活动开展都是创新实践的体现（特别是高科技的创新创业），都需要通过创业实践证明其有效性。创新教育比较重视对人的素质发展进行整体的了解，而创业教育则是注重帮助受教育者实现自我价值和社会价值。这两者在本质上和内容上具有一定的相通性，而且两者还是相互促进、相互制约的关系。创新创业教育是通过培养学生的创业技能和创业精神，从而促进其进行创业训练和创业实践，并不断培养学生创新能力的过程。创新教育和创业教育是紧密相连、不可分割的关系。学生是未来社会发展的主导者和承担者，因此培养他们的创新意识和创业精神，也将是高校教育改革的重要目标和方向。

（五）有利于创新创业社会文化氛围的营造

完善的社会氛围和环境，将维持着一个企业能够顺利平稳的运转和发展，而环境和氛围的营造，需要以主管机构为主导，联合各个管理部门进行。首先，主管机构要提供政策支持和资金支持。很多优秀和成功的创新创业教育实践表明，任何一个创新创业教育非常成功的地区，都必然为开展创新创业教育活动付出巨大的人力、物力和精力，将创新创业教育放在全民素质提升的重要位置上，并对创新创业教育活动提供大量的资金和政策予以保障，同时也大力提倡和鼓励创新创业教育活动。其次，要弘扬创新文化、规范市场、培育创业文化。规范市场行为、打造弘扬创新的文化环境是主管机构的首要职责和任务，这样才能打造竞争公平、开放自主、运转稳定有序的市场环境，为创新创业提供有利的外部支持。

第二章　大学生创新创业教学体系

第一节　创业教学体系建设现状

一、创新创业能力培养

目前，相对来说，学术界较为重视高等教育中基础教学、科研培养等方面的研究，而有关实践教学这种培养大学生创新创业能力的教育模式的研究则较为薄弱。总体来看，无论是从研究广度、研究宽度还是研究深度方面，都比较欠缺。多数研究显得零散、单一，局限于传统的视角和领域，一般性、普遍性问题研究较多，缺乏系统性、综合性的探讨。尽管如此，随着近年来学者们的不断探索，创新创业人才培养问题和实践教学体系的构建逐渐成为研究的热门问题，积累了此领域相当丰富的知识与经验，产生了许多值得借鉴和参考的有价值的研究成果。

（一）创新能力和创业能力的含义

1.创新能力的含义

创新在社会学中解释是指，人们为了发展的需要，在前人已经发展或发明成果的基础上，不断突破常规，提出新的见解、开拓新的领域、解决新的问题、进行新的运用、创造新的事物。创新能力是实施创新行为所具备的本领或技能。

对于创新能力的含义，不同的学者对其的理解和使用有很大的差异。有的学者指出创新能力是指利用已积累的知识和经验经过科学的思维加工和再造，产生新知识、新思想、新方法和新成果的能力。有的学者认为，从创新能力表现形式来看，创新能力的本质在于创新，具体表现为产生某种新颖独特、有社会价值或个人价值的思想、观点、方法和产品的能力。还有的学者认为从整合的角度来看，创新能力是个人知识储备、创新思维和创新个性的多维、多层次的综合表现。其中，知识储备是创新能力的基础，创新思维是核心，创新个性是保障。尽管不同学者从不同的角度理解创新能力给出的定义差别比较大，但它们都有助于人们科学理解创新能力的含义。

综上所述，笔者理解的创新能力的含义为：创新能力是指创新主体利用已有的知识和经验，从而具备的能从事创新活动的思维和能力。

2.创业能力的含义

创业能力是 20 世纪 80 年代提出的，同时明确指出：要把创业能力教育提高到目前学术性和职业性教育所享有的同等地位。创业能力教育要求培养思维、规划、合作、交流、组织以及解决问题和评估的能力。

对于创业能力的含义，不同学者主要有以下几种认识和表述。有的学者认为，创业能力不仅暗含很强的实践性，需要有一定的实践经验，同时也包括了较强的综合能力，需要具备较高的综合素质，它是集创造性和自我开发与实现的一种特殊的创造力，它是专业职业能力、经营管理能力、综合性能力三种能力的结合。有的学者认为，创业能力是指一种主体的心理条件，它可以影响创业实践活动效率，促使创业实践活动顺利进行。换一种话说，创业能力是一种以人的智力发展为核心，兼具较强综合性和创造性的心理机能，是经验、知识、技能经过类化、概括化后形成的，在创业实践活动中反映为复杂而协调的行为过程。还有的学者认为，狭义的创业能力指自主创业能力，即除工资形式就业以外的自我谋职的能力，顺利实现自主创业的特殊能力，包括个体自身的一些特质，如创业品质、专业技能、信息处理能力、决策应变力、环境适应力等。

从以上关于创业能力的观点来看，不少观点都值得借鉴。笔者比较赞同的是，创业能力是一种实践性、综合性很强的，有创造性特征，具备自我开发、自我实现性质的，以智力为核心的特殊能力。

（二）创新创业能力的培养

1. 创新创业能力的内涵及构成

目前以"创新创业能力"为主题的研究成果有很多，但是学者们在学术论文中很少提到创新创业能力的内涵，大多数是从创新创业教育角度来分析的，主要有三种看法：一种理解是将创新创业能力等同于创新教育中培养的创新能力；第二种理解是将创新创业能力等同于创业教育中培养的创业能力；第三种理解是将创新创业能力理解为创新能力与创业能力的结合，兼顾创新能力和创业能力并以创业能力为落脚点。笔者认为这样理解创新创业能力是不够全面的。根据本书的梳理，对上述关于"创新能力""创业能力"的含义进行归纳和总结认为，"创新创业能力"强调的是学生的基本素质、创新精神和创造性思维，同时注重学生的理论知识和实践能力，尤其是自我创业意识和创新操作能力，具备能够独立自主地去发现问题、解决问题，并提出自己的新观点的能力，同时又具备创业意识并对创业有所追求的能力。简单来说，创新创业能力指的是一种既具有实践能力、创新能力又具备创业潜能的复合型能力。

人们从事创新创业活动，需要各种能力，绝不是单凭一种能力或某几种能力就能达到预期目标的。要使创新创业主体能发现问题、解决问题，提出自己的新观点，构思和创造有价值的东西，就必须使创新创业能力各要素联合成一个整体，发挥创新创业综合效应。

（1）智力是创新创业能力的基础

智力是人们认识客观事物并运用知识解决实际问题的能力。知识是对事物属性与联系的认识，是人们在社会实践过程中积累起来的经验。智力包括很多方面，如观察力、记忆力、思维能力、应变能力和分析判断能力等。这些都是认识活动所必须具备的一般能力。一般的智力转化为创新创业能力，要求主体在创新创业活动中对智力因素实现有机整合，主要包括信息获取能力、创新操作能力和开创事业的能力等。

（2）创新素养是创新创业能力的核心

丰富的知识要转化为能力，在实践中产生新的成果，就在于丰富创新素养。创新素养包括创新意识、创新精神和创新思维。创新意识指的是创新思维活动的起点，是使个体产生创造行为的内驱力，是创造的意图等思想观念。创新精神指的是创新者所具备的智力与非智力心理品质的有机结合与升华而产生的实际创造动力。创新思维是指一个人在创新过程中，所产生的对新事物的认识活动，它具有多向性、形象性、突发性等特点。

（3）创业潜能是创新创业能力培养的动力

创业潜能存在于创业意识和创业精神层面，是在一定社会环境和教育条件影响下形成的与他人不同的较固定的态度和行为特征，是思维和行为相结合的体现。培养创业意识，主要包括形成创业需求、动机、兴趣、信念等；培养创业精神，主要包括形成自信心、坚韧性、敢为性、独立性、合作性等心理品质。

2. 创新创业能力培养的内容和意义

相关机构明确提出了"建设创新型社会""以创业带动就业，提高创业能力""创业中离不开创新"等内容。大学生是最具有创新创业潜力的群体之一，高校应该深入落实培养大学生创新创业的能力，这是贯彻"以创业带动就业，提高创业能力"，促进高校毕业生充分就业的重要措施。笔者认为培养大学生创新创业能力应包括五个方面的内容：①实践动手能力。使自己面对问题时，具备发现问题、分析问题和解决问题的能力。②创新性思维能力。能用专业术语表述新问题，拥有发现事物规律性的能力，具备发散性思维和非逻辑思维能力等。③能独立思考、独立判断和独立从事科研活动的能力。④学术交流能力。能将研究成果以专著或学术论文的形式表达出来，将新的思想或知识传递给他人的能力。⑤创业潜能。在使自身的实践能力和创新能力有一定高度的时候，具备能激发自身创造力来开辟新事业、新行业的潜在能力。

对于大学生创新创业能力培养的意义，可以概括为以下几个方面。

（1）社会发展的需要

21世纪，竞争的重点已转化为经济和综合国力的竞争，归根到底是科技和人才的竞争。谁拥有具备创新型的人才，谁才能在激烈的竞争中取得更大的优势。创新是一个民族进步的灵魂，一个国家兴旺发达的动力。创新型国家的建设需要具有创新创业能力的人才。培养创新创业人才，需要大力推进理论创新、制度创新、科技创新，不断巩固和发展。大力培养大学生创新创业能力是高校的首要任务和关键措施，能够有效地推动创新型国家的建设。

（2）缓解就业压力的需要

随着高校的扩招，大学生就业压力越来越大，就业形势相当严峻。通过创新创业教育能够有效缓解社会就业压力，因此高校全面开展切实有效的创新创业教育，培养大学生创新能力，激发其创业潜能，引导和帮助越来越多的大学生加入创新创业队伍中来，使大学生成为为社会创造价值的创业者，由寻求就业岗位的就业者变成提供就业岗位的创业者，有效缓解大学生就业难题。

（3）大学生自身发展的需要

敢于创新，追求个性，有着强烈的自我意识，渴望实现自我价值，是当代大学生的时代特征。培养大学生创新创业能力，使他们更加注重自身综合素质和能力的提升，为他们实现自身的发展提供了条件。大学生通过创新创业活动，选择适合自己发展的领域，突破和创新自己的想法，从而实现自己的人生价值。

二、实践教学体系概述

（一）实践教学体系的界定

实践教学是相对于理论教学的各种教学活动的总称，包括实验、实习、实际设计、工程测绘、社会调查等，旨在使学生获得感性知识，掌握技能、技巧，养成理论联系实际的作风和独立工作的能力。这种对实践教学的定义是从其内涵和外延来理解的。按照系统论的思想，实践教学体系是指为了达到教育目的，而由教学活动相关要素构成的，并以一定稳定结构形式存在的，实现特定教学功能的，相互影响、相互作用的有机整体。对于实践教学体系的构成要素，有经典的三要素说，即"学生、教师、教材"，但是现在大部分学者认为教学体系的构成除了学生、教师和教材外，还包括教学目标、教学内容和教学环境。

（二）实践教学体系的内涵

实践教学体系是一个有机的整体，大部分学者都认为其有狭义和广义的内涵之分。总体来说，由目标、内容、管理、评估体系等要素构成实践教学体系整体，这是按照其广义层面来描述的，而狭义的实践教学体系是指实践教学的内容体系。本书以广义的实践教学体系内涵作为参照，但并不局限于其设定的目标、内容、管理和评估四大要素。笔者把实验、实训、实习、毕业论文等环节作为实践教学活动，把体系的管理、评估、条件保障作为实践教学体系的环境资源来加以重新认识。笔者认为，实践教学体系是以实践教学人才培养目标为核心前提，以实践教学活动为主体内容，并以相应环境资源作为支持条件的一个有机联系的整体。

三、实践教学体系的构建

实践教学是和社会诸多领域有着紧密联系的实践活动，实践教学体系的构建也涉及各种与之相关的要素。在综合考察实践教学内涵的基础上，笔者认为实践教学与学习论的思想密不可分。它们不仅为实践教学体系构建提供理论指导，也为人们认识教育本质、确立教学目标、选择教学内容等教育问题提供重要的理论依据。

学者们对学习的探讨从未停止过，无论是行为主义心理学创造的"刺激—反应"学习理论，还是认知主义心理学家对人类认知过程及组成因素的研究，社会因素和个体因素已经成为学者们关注的焦点所在，特别是建构主义学习理论对教育思想产生了重大的影响。建构主义学习理论认为，知识、技能不是被动积累的，而是学习者积极实践的结果。知识、技能的建构必须从激发学习者学习动机开始，而传统的教育模式往往是先理论后实践，实践能力弱的学生在社会上缺乏核心竞争力。因此，必须确立实践教学在创新创业人才培养过程中的主体地位，学习者的学习过程要关注知识、技能的连贯性和教学内容的情境性，使用情境教学方法，使学习内容具有真实性任务，使学习行为在与现实情境相似的情境中产生。实践教学是符合情境教学要求的，使学生通过具体的社会实践、实训、实习等实践环节，在解决具体问题情景中，积极主动地建构自己的理解过程、创造过程。

四、实践教学体系的重要作用

高校通过实践教学，培养的是学生实践动手能力和发现问题、解决问题的能力，在最新的创新创业人才培养的要求中，学生创新创业能力的核心就是创新，创业是在具备一定程度创新的基础上升华得到的。实践能力是创新能力发展的基石，高校构建创新创业能力培养的实践教学体系是符合现代教育要求和社会人才需求的。这主要体现在以下四个方面：

①构建实践教学体系是连接学生理论知识和实践能力的重要手段。学以致用是人们从古至今都崇尚的知识获取和使用的目标，其实现学以致用目标的过程就是通过实践教学。实践教学培养学生运用知识、创造知识的能力，使学生能真正发挥理论指导实践的作用，为学生毕业后进入社会工作创造必要条件。②实践教学体系是本科教学体系的重要组成部分。高校本科教学的培养目标和专业人才的培养目标的实现，都离不开实践教学这一举足轻重的关键环节。实践教学培养的是学生的实践能力、创新能力和创业潜能，而只有通过实践教学体系才能更加系统化地实现实践教学的作用，是学生能力发展的必要条件。③实践教学是学生创新能力培养的基石。学生创业潜能的激发离不开创新能力的积累，创新能力的积累离不开实践能力的提升。没有实践能力，创新能力是不可能得到发展的。学生在实践中不断积累自己的实践能力，形成良好的创新意识，无形中就会使自己的创新能力逐步提升。④实践教学的更深远的意义在于学生个体的全面发展。21

世纪，国家的发展靠人才，人才综合素质的提升是一个国家综合国力提升的表现。国家培养学生的综合素质，正是通过实践教学来逐步使学生全面发展的。

第二节 实践教学体系建设策略

一、实践教学体系的理论构建原则

实践教学体系的高效运行必须考虑到多种要素间的相互作用。笔者在综合了创新创业人才培养范畴和实践教学体系特征的基础上，提出以下构建实践教学体系过程中需要遵循的一般性原则。

（一）目标性原则

高校实践教学体系的构建必须紧紧围绕培养大学生创新创业能力这一人才培养目标来进行，要把培养既具有扎实的理论基础，又具有较高创新素养和较大创业潜能的人作为实践教学体系的出发点。制定的实践教学体系人才培养目标应该根据高校人才培养计划、专业学科特点、发展规律及社会对人才的需求来进行明确的、有针对性的具体目标设定。

（二）系统性原则

高校实践教学体系的构建，应该根据高等教育的规律、人才培养特点，按照各个实践教学环节的地位、作用及相互之间的内在联系，运用系统科学的方法进行统筹安排。实践教学环节的时间安排上要保持连续性，要处理好实践教学与理论教学的关系，合理分配课时比例，保持整个教学过程的系统性。实践教学与理论教学要相互衔接，相互渗透，使体系内的各个环节协调统一，贯穿于高等教育的全过程。

（三）层次性原则

大学生能力的发展是一个循序渐进的过程，遵循这一客观规律，实践教学体系也应分阶段、分层次逐步深化。其实践教学目标要由易到难，实践教学环节由简单到复杂，实践教学方法由单一到综合，分阶段、分层次循序渐进地加以构建。

（四）实践性原则

实践出真理，因此，对实践教学体系的构建要有利于学生实践能力的培养，主要体现在实践教学目标要符合社会发展和人才需求，除培养学生的应用实践能力外，还要注重创新创业能力的培养，以满足学生自主发展的需要。在教学内容上，应突出知识更新的要求，以实践、实训活动为主导，模拟真实的环境来开展实践教学。

二、面向创新创业能力培养的实践教学体系

（一）实践教学体系结构

实践教学体系的构建是以实践教学人才培养目标为核心前提，以实践教学活动为

主体内容，并以相应环境资源作为支持条件的一个有机联系的整体，所以在构建面向创新创业能力培养的实践教学体系时，培养大学生创新创业能力作为实践教学人才培养目标、实践教学活动和配套的环境资源构成了体系中三大要素。这三大要素各有内涵又相互联系、相互促进。

（二）实践教学体系构建的目标导向

创新创业人才培养目标是高校实践教学体系构建的目标导向，也是其核心前提。这指的是在实践教学体系的构建中，要把培养学生创新创业能力作为实践教学人才培养目标，把创新创业人才培养目标贯穿在实践教学体系的每个环节中，通过实践教学活动培养学生的实践能力、创新素养和创业潜能，使学生解决实际问题的能力和综合素质得到提高，使学生做到德、智、体、美全面发展。

1.培养学生理论联系实际的能力

实践教学的首要任务就是要求学生能将理论知识与实践能力相结合，将课堂教育与社会实践相结合。这样在学生进入工作以后，学会理论联系实际，充分利用理论知识，指导思想，去观察、处理问题，解决实际工作中遇到的现实问题。

2.培养学生发现问题、解决问题的能力

在很多用人单位看来，现在的大学生发现问题、解决问题的能力并不理想。因为实践经验的缺乏，在工作中很难发挥高学历知识教育的优势，因此要通过实践教学，积极调动学生的观察力、理解力和思考力。

3.培养学生创新能力、激发学生创业潜能

在日新月异不断变化的社会环境中，具备创新能力的人才能发挥举足轻重的作用，为社会发展做出贡献。通过创新能力的不断提升，使学生富有创造力，激发创业潜能，开辟新的行业和领域。高校要依据自身的学校定位，适当调整各学科教学计划，以培养学生创新创业能力教学理念为指导，突出实践教学体系各环节的连贯性和整体性，完善实践教学内容，积极培养学生实践能力，满足新时期学科专业发展对专业人才的需要，力争实现创新创业人才培养目标。

三、实践教学体系构建的主体内容

按照不同的教学目标，遵循实验内容深度的递进，实践技能层次的递进，综合应用水平的递进等原则，实践教学活动主要包括基础实践阶段、专业实践阶段和综合实践阶段三个层次阶段。通过这三个实践阶段，学生可以合理地、循序渐进地安排实践教学活动，将创新创业人才培养目标和实践教学内容具体落实到各个阶段中，达到学生实践能力、创新能力的培养要求。其中，每个层次阶段都有不同环节的实践教学活动。

（一）基础实践阶段

基础实践阶段是专业能力初步锻炼的阶段，对加深理论知识的理解、弥补课堂教学的不足起着重要作用，是专业实践阶段的前提。基础实践阶段主要包括课程实验、社会调查和参观见习三个部分，重点培养学生基本技能和基础实验能力。课程实验的教学目标是以理论知识为支撑，使学生具备以操作能力为主的基础实践能力，通过实际操作和应用来发现和解决问题；社会调查通过实地调查研究，促使学生去验证和解决课程中遇到的理论性问题；参观见习的目的是增长自身专业知识的见识，主要通过老师带团参观与专业相关的校外单位等方式进行。

（二）专业实践阶段

专业实践阶段是在经过专业知识的系统学习之后，开始把所学知识运用到科研探索中，强调专业实践的重要性，是对学生科研能力培养的有益尝试。专业实践阶段主要包括课程设计、项目实践和专业实训三个部分。课程设计对培养学生提出、分析和解决问题及初步形成科学研究的专业综合能力起着重要的作用，是巩固所学理论知识的重要途径。学生的课堂学习时间有限，不可能完全掌握学科专业知识，所以项目实践环节可以使学生根据自己的特长，选择感兴趣的某一专业项目，在教师的指导下，以项目小组的形式组合在一起学习和研究，通过互帮互学，培养团队精神和融会多学科知识的能力，培养学生设计实验的能力。专业实训主要采用校企结合的形式，由学校老师和企业老师带队，去到实际的工作环境中去，让学生亲身体会到未来的工作状态，帮助学生及早适应工作环境，使其满足行业需求，是连接校内学习和企业需求的桥梁，是毕业实习的一个提前模拟。

（三）综合实践阶段

综合实践阶段主要包括科研竞赛、毕业实习和毕业设计三个部分，重点培养学生综合实践能力和创新能力。在科研竞赛中，学生在学校指导教师的辅导下，参与老师课题研究、科研立项和大学生创新性实验项目等学术活动，也可以参加本专业的各项竞赛活动等，锻炼学生把理论知识与实践相结合的能力。为了能让学生在毕业实习的时候尽快进入工作状态，适应真实的工作环境，毕业实习是学生自己到相关企业部门中去，并没有教师从旁指导，学生真正投入到实际工作中，发挥自己的综合能力，解决问题，给企业创造经济效益。学生在毕业实习中，积累工作经验，为就业做准备。毕业论文是和毕业实习相辅相成的一个实际活动，毕业论文的主题来自于学生对毕业实习过程中专业知识的总结和升华，体现出学生的科研能力和创新能力。

四、实践教学体系构建的环境资源

实践教学体系的构建必须有一系列教学硬件和软件的支持，才能保障实践教学的顺利开展，这些软件和硬件就构成了实践教学体系的资源环境，其主要包括实践教学体系构建的前提条件、环境保障、质量保障等方面。

（一）前提条件

适合创新创业型人才培养的实践教学体系必须要有与之相适应的实践教学管理机制作为其前提条件。其管理机制包括以下内容：①分级组织管理。高校实践教学管理实行校、院二级管理体制，由学校负责对实践教学制定相应的管理办法和措施，各二级学院作为办学实体负责实践教学的组织和实施。②教学制度管理。目前大部分高校的学生必须按照专业教学计划，接受相同的教学内容，而不能自主选择个性化的课程，这样并不利于大学生实践创新能力的培养。完善实践教学制度，需要实行"弹性学分制"，保证学生获得学分途径的多样性和灵活性，促进学生创新能力的最大化发展。③运行评价管理。建立起包括学科专业资源、软硬件条件、校内外实训实习基地等实验教学资源有效利用和共享开放的机制，保证实践教学资源得到最大的有效利用，为实践教学活动的开展提供可靠的保障。同时，需要对实践教学的各个环节制定相应的评价反馈机制，利用这种机制来促进实践教学质量的提高，通过评价反馈促进实验教学改革，对实验教学资源的有效配置与利用起到了良好的监督与指导作用。

（二）环境保障

实践教学基地建设可分为校内实训基地建设和校外实习基地建设两个方面。校内实训基地主要是面向本校师生，采取校企结合的模式，在校内开设企业培训课程，进行企业模拟实践项目，能体现学校管理和专业特色的实训场所。校外实习基地需要依托企业的老师，按照企业生产实践的真实需求，参与学生的校外实习教学环节的管理和指导工作。良好的实践环境是培养学生实践能力和创新能力的重要基础，所以高校应该以校内实训基地发展为核心，扩展校外实习基地，采取校内外共建相结合的思路，为推进高校实践教学改革提供基本环境保障。

（三）质量保障

近年来，很多高校开始认识到，实践教学人员已不再是传统观念中的教辅人员，而是教学活动的主体。实践教师队伍素质的高低，直接关系到学生实践能力、创新能力培养的好坏，因此高校要加强实践教学师资队伍的建设，以适应新的实践教学体系要求。高校要抓好"双师型"实践教学师资培养工作，通过各种培训、培养途径，使他们既具备扎实的基础理论知识、较高的教学水平，又具有很强的专业实践能力。同时，建立完善的考核体系，鼓励教师参加实践教学工作。

第三节　创新创业支持体系构建

一、基本思路与原则

"互联网＋"快速发展的今天，大学生创业遇到了许多困难，有资金方面的、有政策方面的、有技能方面的，还有服务方面的等。虽然一些高校开展了大学生创业培训，但是仅靠这些是不能很好地为大学生成功创业服务的。支持服务高等学校毕业生创业是一项系统的工程，需要一个完整、成熟的教育服务支持体系。目前我们还未形成一个完整的创业支持体系，而在一些国家除了有先进的创业教育体系和完善的理论支持外，还有一套比较系统完善的大学生创业政策，为大学生创业提供了有力的保障。因此，可以借鉴他们的经验，并结合目前大学生创业服务体系中存在的不足来完善创业支持体系。完善大学生创业支持体系是一个漫长艰辛的过程，绝不能为了求快求方便而照搬照抄其他先进的创业支持体系，应该本着实事求是的原则，吸收成功经验，在实践中不断完善大学生创业支持体系，以切实保障和落实大学生创业相关服务工作。

二、大学生创业支持体系的构建

我们需要建立一个以家庭、社会、国家为基础的，符合大学生当下要求的，较为全面的创业支持体系，以帮助大学生更好地认识创业的方方面面，帮助大学生克服在创业过程中所遇到的困难，全面支持鼓励大学生充分地发挥自己的主观能动性，创新思想，突破自我，积极创业，为展现大学生自身的真正价值、促进社会经济繁荣发展而努力。

（一）构建完善的创业政策支持体系

在良好的经济环境中，通常有着潜在的、巨大的创业机会。政府和社会组织应该从各个方面制定一系列政策和措施来鼓励大学生创业，方便大学生创业，保障大学生创业，使其真正成为促进经济发展的重要力量。

1. 创业鼓励

政府、高校、社会组织在制定各项政策鼓励大学生创业的同时，要让尽量多的大学生了解和知道这些政策的存在。以前的情况往往是政策虽在，但无人知晓，有些大学生会因此放弃创业的念头。社会各界应该通过各种媒介深入宣传鼓励大学生创业的基本政策和措施，让广大有潜在创业想法的大学生通过了解这些鼓励政策来产生其心灵上的共鸣，从而将创业理念转化成创业现实。同时，要深入报道大学生创业成功的典型案例，树立创业者在大学生心中的典型形象，建立一个十分轻松、友好的创业氛围。社会各界也应该加强合作，开展一些适合大学生创业的社会活动，给予大学生一些创业奖励，增强他们的创业积极性。

2. 税费减免

政府和社会各界要方便大学生创业，需要在税费上下功夫，合法简化大学生创办企业和企业运营中的各项程序，减免相应的行政管理费用，减轻企业的负担，同时在各项税收中给予企业更高比例的优惠。

3. 技术支持

大学生企业在创办后很可能会遇到一些核心的技术问题而阻碍其进一步发展，这时候政府需要制定相关的法律法规保证大学生企业核心技术的获得，特别是希望国有企业和知名企业在条件允许的范围内尽量和大学生企业进行技术交流，在技术层面给予大学生企业一定的援助。高校的科研力量也可以成为帮助大学生企业改良技术的有力平台，将高校教师和学生的科研成果转化成产品。同时大学生企业在产品获利后反哺学校的科研力量，进一步促进高校的科研水平，从而形成一个"教学—科研—产出"的良性循环。

4. 项目支持

大学生企业在创办之初即使有好的发展前景、运营模式，如果没有好的项目，不能营利，仍然不能使其长久地生存发展。大学生刚刚毕业没有足够的社会网，市场渠道的不畅会导致大学生创业的失败，政府和社会组织应该正确、合理、积极地引导，分配一定比例的采购项目给大学生企业，帮助其顺利拿到订单和合同。

（二）构建完备的创业教育支持体系

高校作为大学生创业前期理论学习的基地，对于培育大学生相关的专业理论知识、创业基本技能及大学生的艰苦奋斗、持之以恒、敢于创新的企业家冒险精神有着十分重要的作用。相关部门对高校的创业教育十分重视，并且确定了多所重点高校作为创业教育的试点学校来真正实施创业教育。然而由于各方面的原因，这些举措都没有很好地执行和推广下去，导致大学生创业积极性不高，创业理论知识储备不够，创业者基本素质没有得到很好的锻炼。创业教育是成功创业的重要因素，有必要大力开展创业教育，为大学生创业奠定理论基础。

1. 纳入学分

高校要把创业教育纳入学分体制，使创业教育成为如同专业课一样的必修课，使尽量多的大学生接触到高校的创业教育。对创业教育任务的评估也会使高校的创业教育更加灵活丰富，各种创业技能、创业培训、创业活动的开展都将是大学生拿到学分并且毕业的必要环节。因此，将创业教育纳入学分是高校进行创业教育的有效前提，有利于创业教育的普及。

2. 课程设置

在成功将学生带入到创业课堂里后，如何让参加创业相关课程的大学生保持兴趣、积极投入，从而能够真正掌握相关的创业理论、创业想法就成了高校创业课程设置所要关注的问题。课程设置的核心问题一方面是在各个高校的各个特色专业和相关专业中开设渗透性的创业课程，使类似于化工、机械、生物等理工科的专业和法律、文史、新闻等文科性的专业都有可以创业的切入点，并能够有机地结合文理专业，使学生和老师能够充分地交流，释放全面特别的创业理念；另一方面考虑到绝大多数大学生更在意的是创业相关课程的内容和形式，可以摒弃以前传统应试教育老师讲课、学生听课的单一模式，借鉴圆桌会议、创业课程试验、模拟商业谈判等创业课程形式，使学生能够充分地了解和模拟今后的创业流程，并在此过程中结合灌输相关的创业知识，使其在模拟试验中自觉地克服创业困难，培养冒险精神和创业品质。这不仅使高校的创业相关课程更加灵活生动有趣，也起到了培育大学生创业者素质的作用。

（三）构建强有力的创业资金支持体系

企业的创建、运营、维系都需要资金的注入，资金链状况的良好对于一个企业正常健康的发展有着相当大的作用。资金困难是大学生创业的第二大难题，只有有效地通过相应渠道来引入资金，才能支持大学生将创业构想转化成创业成果。因此，建立和完善以家庭、学校、政府、社会为基础的资金支持体系对于大学生创业有着极其深远和实质性的影响。

1. 家庭支持

从对大学生创业基本状况的调查来看，绝大多数大学生的创业原始积累，也就是常说的"第一桶金"是来自于家庭、亲戚、朋友。家庭资金支持除了指大学生的自有资金和通过亲戚朋友的帮忙所获得的资金和物资外，还包括家庭对于大学生创业的精神支持，精神支持是指家庭赞同大学生的创业行为，减轻大学生毕业后对其成家立业、赡养父母等的经济负担，能够容忍创业所抛弃的机会成本和创业失败的损失，相当于减轻了大学生创业负债的压力。这两方面的结合对于大学生创业初期生理和心理的压力有极大的缓解作用。

2. 学校支持

高校的资金支持可以有效减轻大学生创业的时间成本，缩短创业周期，使其在高校内专心于理论知识的学习、创业技能和创业品质的培养及创业计划和创业构想的实施。高校的资金支持可以从三个方面去实施完成：一是将科研成果进行商业化；二是举办高品质的创业竞赛进行创业奖励；三是直接设立创业基金。

3. 政府支持

大学生在创业初期遇到困难时最希望得到高校和政府的援助，政府对大学生创业的资金支持也可以从三个方面去入手：第一，相应的资金政策。除对大学生创业减免相关的税费外，降低大学生创业的门槛，也是一种很好的减轻其创业负担的办法。第二，银行贷款。政府可以规定国有商业银行设定一定比例的商业贷款给大学生企业，贷款利率在各地做相应的调整，同时建立适合的担保预约制度，保证大学生可以相对容易地进行融资。第三，政府设立创业基金。

4. 社会支持

社会的资金支持主要是指通过市场上的一些民间组织及市场力量来帮助大学生企业融资，这是对大学生创业融资的一个补充。整合各方力量，对大学生企业进行融资援助，具体有三个方面的内容：第一，民间非营利组织可以联合一些专门的机构投资者对项目较好的大学生企业进行风险投资，这也是比较常见的一种投资方式，尽管是带有股权性质的投资，但机构投资者会在咨询、财税等各方面对大学生企业进行援助，这也是笔者比较推荐的融资模式，增强了大学生企业的存活率。第二，民间非营利组织可以组织一些企业来投资与其发展方向相关的大学生企业，作为加盟公司、旗下公司、技术联合等，这将对双方的发展起到积极正面双赢的效果。第三，民间非营利组织直接资金援助或者提供贷款，但是可能由于资金数量小、利率高，所以需要反复斟酌，有一定的局限性。

第三章　大学生创新意识培养及能力开发

第一节　探究事物本质能力的培养

一、内涵概述

探究事物本质的习惯是由好奇心发展而来的，表现为强烈探索事物本质的欲望和刨根问底的习惯，并有从中寻找乐趣的倾向。有了这一习惯，就会在工作中不断地发现问题，并对问题进行深入细致的研究，直到解决问题，从而有意无意地进行创新。

二、培养过程

探究事物本质能力的形成主要由个人的性格、先天的禀赋决定。但是，后天的培养训练也很重要。

（一）深入把握分析资料

这里指的是要学会多方面、多层次的搜集，掌握尽可能多的资料，能够正确、全面把握材料，能够综合分析资料，并能得出较为正确的结论。

以创业为例。一次成功的创业是在深入把握分析资料的基础上实现的，只有对创业项目的背景、内容、前景等诸多方面进行透彻的分析和研究，才能为成功提供可靠的保障。把握分析资料的能力主要通过创业实践来提升。例如，借助学校举办的某些课程的角色性、情景性模拟参与，积极参加校内外举办的各类大学生创业大赛、设计比赛，对知名企业家的成长经历和经营案例开展研究等；与有创业经验的亲朋好友交流，得到最直接的创业技巧与经验，收获会比从书本上得到的更多；通过电子邮件或电话拜访你崇拜的商界人士，或咨询与创业项目有密切联系的商业团体，得到他们的支持；通过直接的创业实践去总结和探究，如可通过课余或假期在外的兼职、试办公司、试申请专利、试办著作权登记、试办商标申请、举办创意项目活动、创建电子商务网站等进行创业实践的总结和探究。

（二）总结探究现象背后的本质

事物的本质往往不能轻易得到，它是隐藏在现象背后的真理和规律，所以要通过分析事物的表面现象来认识它背后的本质规律。

探究一开始只是一种学习方式和学习过程，是指个体通过自主独立的发现问题、实验、操作、调查以及信息搜集与处理、表达与交流等探索活动，获得知识技能情感和态度的发展。问题是探究的起点，是探究得以产生的最基本前提，也是探究的核心。探究的实质就是发现问题、解决问题。通过探究，个体在知识、技能、情感和态度等各方面都获得了发展和提高。探究的过程主要包括：观察和提出问题、查阅书籍和其他信息资源来寻找已有知识，利用各种工具搜集、分析问题，做出解释，交流结果。

在信息泛滥的社会里，面对复杂的问题，要想解决问题，想将事情由繁而简，去粗取精，去伪存真，分析出解决问题的关键点，总结探究现象背后隐藏的本质是至关重要的。

（三）训练问题和怀疑意识

创新通常始于问题，只有提出需要解决的问题，才能思考，创新才有主动性。心理学理论中一个极其重要的观点是，科学上很多重大发明与创新，与其说是问题的解决者促成的，不如说是问题的寻求者促成的。每天有无数的人烧开水都可看到水开时壶盖会跳，但没人像瓦特那样提问：壶盖为什么会跳？正是瓦特的这个问题才促使他发明了蒸汽机，并推动了人类社会由农业文明进入工业文明。一切创新都始于问题的发现，而发现问题又源于强烈的问题意识。所以说要培养创新精神就必须培养大学生的问题意识。大学生的创新精神既表现在强烈的创造动机上，又表现在发现问题、提出问题的能力上。

高度肯定和重视培养问题意识，是中外学者的共识。朱熹说过："读书无疑者，须教有疑，有疑者却要无疑，到这里方是长进。"这是对学习中的问题意识科学而辩证的阐述。近代教育家陶行知说得更生动形象，他在一首诗里写道："发明千千万，起点是一问。禽兽不如人，过在不会问。智者问得巧，愚者问得笨。人力胜天工，只在每事问。"国外也有很多学者极力推崇问题及问题意识。亚里士多德曾提出，思维是从疑问和惊奇开始的。苏格拉底也同样认为，问题是接生婆，它能帮助新思想诞生。爱因斯坦说："提出一个问题比解决一个问题更重要。因为解决问题也许仅是一个数学上的或实验上的技能而已，而提出新的问题、新的可能性，从新的角度去看旧问题，却需要有创造性的想象力，而且标志着科学的真正进步。"维纳也说："只要我们没有提出正确的问题，那么我们永远也不会获得对问题的正确答案。"而怎样提问题、针对什么提问题、提什么问题，反映了大学生创新意识的强弱。

（四）寻求最佳解决方案

遇到事情，会有很多种解决方案。首先要想到有无最佳解决方案，并进行尝试，而不是仅仅满足于解决问题。用最佳方案解决问题能够节省时间和精力，而且能够更便捷地解决问题。在此过程中，还要不断克服敷衍和应付的心态。

（五）转变学习观念

学习，是人类进步成才的阶梯。不断加强学习的过程，就是人们认识客观世界、修炼道德情操、积累能量、自我充实完善、锲而不舍、镂金刻石的过程。为了什么而学习要比学到什么更为重要。因此，一定要明白自己学习的目的是什么，变被动学习为主动学习，并树立终身学习的观念。特别要完成这样一个转变，即把"为考高分而学习"转变成"为解决实际问题而学习"，学习就变成了有目的性的学习，并且富于乐趣。

第二节　创新态度和信念的培养

进步的创新态度和信念是创新性人才必须具备的素质之一，总体来说，就是对人类文明进步有一种信念，有为之做出贡献和牺牲的使命感，表现为敢于提出不同的观点，喜欢尝试新方法，探索新道路。把创新态度和信念转化为内在动机，就会成为一个人不断取得创新性成就的巨大驱动力。

一、坚定的创新信念

信念的力量是无穷的。从事创新工作必须有对创新活动具有重大激励作用的信念支持，方能为创新性活动提供源源不断的动力支持。这些信念包括："有志者事竟成""天道酬勤""前途是光明的，道路是曲折的""困难是暂时的，是可以克服的""办法总比困难多"等。有了这些信念，就能在创新工作受挫时，激发自身的斗志和战胜困难的信心，调动自身的创造潜力。有人说，自信是成功的一半。对大学生来说，信心就是创新的动力，只有自信的人才有创新的欲望和冲动。自信不是自傲、自大，不是刚愎自用。自信是建立在客观、准确认识自我的基础上对自身能力的信任。

二、自主的创新态度

创新讲究的是独创性，而不是模仿、雷同。因此培养创新意识，就要注意培养独立意识。创新还是对现实的超越，因此培养自主意识十分重要。自主意识包括自我激励、自我控制和自主发展意识。爱因斯坦在大学读书时，有一次突发奇想，问数学家明可夫斯基："一个人究竟怎样才能在科学领域和人生道路上留下自己的闪光足迹呢？"明可夫斯基并没有马上回答，三天后，他将爱因斯坦领到一个建筑工地，径直踏上了建筑工人刚刚铺平的水泥地面，然后解释说："只有新的领域，只有尚未凝固的地方，才能留下深深的脚印。那些被无数人、无数脚步涉足的地方，别想再踩出脚印来。"那段尚未凝固的水泥路面，启发了爱因斯坦的独立创新和探索精神，使他在科学史上留下了深深的闪光足迹，最终成为伟大科学家。

三、敢于想象，发挥潜能

学者杜威曾说："科学的每一项巨大成就，都是以人的幻想为出发点的。"可见创造力并不神秘，很多创新的成果其实都出自一种好奇或者最初一个非常简单的想法，就如同瓦特发明蒸汽机一样，更快、更好、更强是创新的原动力。因此，敢想是发挥自己创新潜能的先决条件。创新就是要敢于打破常规，把不可能变成可能，如果故步自封，遇到难题就认为不可逾越，则很难有信心和勇气走向创新成功的彼岸。诚然，在很多时候，我们考虑问题首先会想到一些局限性，当然这并不是说不能考虑，关键是我们要敢于想象，看如何能突破某些局限性。世界上几乎每一个杰出的成就，都是从敢于想象开始的。

四、持之以恒，坚韧不拔

行百里者半九十，做事越接近成功越困难，越要认真对待；做事要善始善终，方能成功。牛顿发现"万有引力定律"和"牛顿三定律"、爱迪生试用 3000 多种材料发明电灯等事实告诉我们：坚持不懈、持之以恒是成功之道。任何一位成功者，他们的共同特点都是把理想和信念紧密地融合在一起。科学家吉耶曼曾领导一个科研小组进行下丘脑激素研究，花了 14 年的时间，也没有找到这种难以捉摸的激素。有些老科学家甚至断言，这项研究将以失败告终。但吉耶曼并未因此而灰心气馁，他以非凡的毅力承受着无数次的失败，舍命扑在科学研究上。前后 35 年，解剖了 27 万只羊脑才终于提取出微乎其微的 1 毫克促甲状腺释放因子的样品。1977 年，吉耶曼因此成果而荣获了诺贝尔生理学或医学奖。

五、控制风险，正视挫折

创新是在走前人没有走过的路，在这一过程中难免会遇到困难，遭受挫折。所以要想有所创新，就要有一定的风险意识和冒险精神，要有克服困难的勇气和百折不挠的精神。

当代大学生虽然聪明灵活，但依赖性强；虽然有理想有抱负，但却缺乏创业的心理准备，特别是抗挫折能力不强，意志力普遍比较薄弱，开拓进取意识不足。多数大学生创业者一旦创业过程中遭遇困难和挫折，往往情绪低落，无法自拔，一蹶不振，有的甚至心理发生扭曲，走上歧途。创新是一项异常艰苦的工作，是一条充满艰辛、坎坷的崎岖之路，并非一帆风顺，期间会遇到这样或那样的困难和挫折，因此要有一定的心理准备，并要正确对待，防止半途而废。要逐步树立自立自强、百折不挠的信心，将人生道路上的种种困难、挫折视为人生的洗礼。要始终铭记这样一段话："天将降大任于是人也，必先苦其心志，劳其筋骨，饿其体肤，空乏其身。"

第三节　创新理想和自觉性的培养

一、树立创新抱负

俗话说，人是要有一点精神的。这里的精神，就是远大的理想和志向。一个人如果没有远大的志向，就会在工作中停滞不前，即使有所成就、有所创新，也会就此满足。只有具备远大理想、不断追求成长的人，才能不断开拓、不断进取，创造非凡的业绩。古今中外，大凡有作为的人，都是志向高远、有大抱负的人。虽然在芸芸众生中，最终有大作为、名留青史的是少数人，但是，如果没有一大群人与他们意气相投、共同奋斗，这些人也是难有大作为的。所以，无论是个人发展，还是社会进步，都需要从小树立远大的理想。

二、培养创新自觉

大量事实告诉人们，那些在事业上取得伟大成就、对人类做出卓越贡献的人，都是在青年时期就立下了鸿鹄之志，并为之坚持不懈、努力奋斗。这就是创新自觉的重要表现。创新自觉是指创新人才充分认识到自身的创新活动对国家、对社会、对个人的意义和责任，从而自觉地加入到创新队伍的行列，开展创新活动的一种动力。

目前，我国大学生较为缺乏创新观念和创新欲望，缺乏创新的毅力。虽然有些大学生也能认识到毅力在创新活动中的重要性，但在实际工作过程中往往虎头蛇尾，见异思迁。缺乏创新的兴趣，兴趣往往随着时间、环境、心情经常变化，缺乏深度和广度。归根结底是社会责任感有所缺失。要认识到，个人的成功离不开社会和国家，要充分发挥自己的主观能动性，自觉自愿，想方设法，集思广益，群策群力，克服困难，努力去完成自己的学习和工作任务，理智地处理个人与团队的利益关系，自觉寻找自我价值与社会价值的结合点，充分利用自己的聪明才智，最大限度地发挥敬业奉献的实干精神，从而在承担社会责任和为社会做贡献中赢得社会的肯定。

三、明确发展目标

发展目标是由人的社会性决定的。人一旦具有独立意识，就会自然而然地萌发人生发展目标的思想。从心理学上看，发展目标属于心理期待的范畴；从社会学上看，发展目标属于理想的范畴。一般来说，人的发展目标包括远期目标、中期目标和近期目标等不同的类型。一切伟大的事业都始于伟大目标的确立，都始于矢志不渝的执着追求，都始于通权达变的创新性思维，都始于大小之处敢于不同的信念。一定要树立一个长远的目标，并为之努力。要检查自己的目标，看看实现的可能性，如果可行再具体确立阶段目标。数学家陈景润少年时就立志要在数学上有所作为，为了攻克"哥德巴赫猜想"，他整天进行演算，光计算过的稿纸，就装了整整几麻袋，终于初步论证了这一猜想，创造了其他人用计算机都没能做到的奇迹。

一个人要获得事业上的成功，首先要设立明确而合理的目标，必须持之以恒地奋斗。像著名的企业家们，他们的成功都源于一种理想，一种软件创业的理想，这种理想使他们的目标专一，甚至他们的生命、他们的存在就是为了这个目标、这个行业。在人生的旅途中，尽早认清自己的发展方向。通过有效的途径，全力以赴，才能有所成就，才可能真正实现自己的人生价值。

四、增强开放与合作意识

在知识爆炸的时代，即使知识再丰富也相对有限。要进行创新，光靠一己之力是很难完成任务的，必须学会以开放诚恳的态度与他人相互协作。合作意识在现代创新中正变得越来越重要，成功的取得依靠的是与人合作，要善于运用团队才智。创业者不一定要有高智商，但要能够善于把握时机去做出明确的决定。一个人的才智不够，那就必须要有一个才智团队。一般来说，初创业者都不是走独木桥，而是一个团队，这个团队也就是我们常说的"经营班子"。组建创业团队是在注册公司之前要完成的，创业者在组建团队时，不但要考虑能力，还要考虑志向、志趣与品德。成功的企业通常需要三个方面的人才：优秀的管理者、优秀的科技人员、优秀的营销人员。

第四节　创新能力的开发

一、自我创新能力的开发

社会创新文化、创新环境、创新机制十分重要，但作为社会中的成员，更重要的是提高独立自主开发的意识，把个人的创新潜能转化为创新能力。

（一）开发内容

1. 自我表象

自我表象，又称心理表象，这个概念的确认和运用，是心理学研究对人类做出的最杰出的贡献之一。自我表象就是指一个人采取关于自身的信念系统和它所产生的对等的思维形象。全部的思维，都产生于自我概念，而反过来又形成自我心理表象。人人都有提升自我表象的能力，这种能力来自人的本性，但是由于很多人没有认识到这一点，他的创新能力就不可能发挥出来。

教育学家提出，自我表象的增长是一种提高个人表现手段的人。他认为有的人之所以平庸，是因为他们有一个导致失败的自我表象，而不是因为他们缺乏能力。他进一步解释，自我表象是大脑细胞的核心，是个人的自我思想和自我概念，如果一个新的想法与系统中已经存在的想法一致，而且与个人的自我概念一致，它就会很容易被接纳和吸收。如果它看起来不一致，它就会遇到抵制，并可能被拒绝。

自我表象的另一面是对"理想自我"的思考。我们希望成为什么样的人，具有什么样的品质和能力，它通常是我们成长过程中知道的某个人，即我们最崇拜的人的组合。大脑中自我的位置和形象是开发自己潜能的决定性因素，我们每一个人实际上都比自己想象的要伟大得多。优质的自我表象（或者叫自我心像）不管创新者的出身、现状如何都会引爆出巨大的能量。反之，劣质的自我表象，创新者的条件再好或者学历再高也不会有什么作为。

2.自我精进

自我精进是创业者进行创新的一个基本素质。根据心理学的研究发现，当一个人面对问题时，若无法有效地理清问题产生的原因，或是对解决问题束手无策时，内心就会产生压力，因此创业者必须具备保持冷静思考的能力，让自己的心境可以得到舒解并保持平静，才能避免让自己陷入窘境。

（二）开发步骤

1.克服思维定式

思维定式是随着人的知识、经验的积累，形成的固定的思考问题、解决问题的方式。思维定式对解决一般问题、老问题是有效的，但对新的问题而言，往往就成了障碍。突破思维定势的主要途径与方法有以下几点。

（1）要有创新意识

创新意识表现为决不满足于现状，哪怕它在目前看来还很完美，而应该对现有的东西不断加以改进，探索创造出更新的东西。与那种小胜则喜、故步自封、保守自大的观念决然相反，创新意识是一种强烈进取的意识，会积极主动寻求变革，对新事物、新技术、新理论怀有浓厚的兴趣和敏锐的嗅觉，善于吸取并接受最新的技术和方法。

（2）大胆质疑

打开一切科学的钥匙都毫无疑问地是个问号；我们大部分的发现，都应归功于"如何"。而生活的智能大概就在于逢事都不得不问个为什么。独立自主的思维不是心怀依赖，依赖心理只有靠独立自主的思维去根除。

（3）立体思维

人类生活在宇宙中的一个星球——地球上，所以正常的思维应有宇宙观、环球观以及宏观、中观、微观等。无论大和小，它存在的方式是立体的，而不是以点、线、面这种形式存在的。具有本应属于我们的立体思维，可以充分发挥我们的空间想象力。

（4）暂时抛开书本

在进行新课题研究时，可以故意不去查看资料，先由自己设法探索实验，以避开现成结论造成的思维局限。

（5）建立自己的原则

以解决问题为目的，不要拘泥于任何条条框框，建立自己的处事原则就可化难为易。

（6）多角度思考

同一事物从不同角度去观察思考就会有不同的认识，或能发现问题，或能启迪思路。

（7）模棱两可思考法

在创新活动中，答案的模糊性、非唯一性可以给思维留下更多回旋余地与可能性。

（8）求异思维

有意识进行非常规思维的思考，如从逆向、侧向进行与众不同的思考。

2. 贯穿创新精神

创新精神就是一种强烈进取的思维，人生定律就是不进则退，这表现在以下几个方面。

（1）首创精神

首创是创新的重要本质特征。首创就是要有敢为天下先的理念，有这样的精神就有了创新之魂，否则再好的方法也是无济于事。

（2）进取精神

强烈的、永不休止的进取精神就是勇于接受严峻的挑战。成功最大的动力是要有执着理想。执着，反映了他对准目标采取进攻的态势、不达目的誓不罢休的心态。进取精神通常包含四种意识：强烈的革新意识、强烈的成就意识、强烈的开拓意识、强烈的竞争意识。

（3）探索精神

人们的探索欲望，常常表现出强烈的好奇心，表现为对真理执着的追求。为此，也会产生强烈的求知欲。而强烈的求知欲，就要靠顽强的毅力、拼搏精神才能得到满足。

（4）顽强精神

没有百折不挠的毅力、不怕困难、不怕失败、不畏风险和抵抗压力的精神，就不可能获取创新的成果。

（5）献身精神

每个人都有一定的理想，这种理想决定着他努力和判断的方向。杰出的成功者不是天生的，他们是后天成就的。关键的因素是心理表象和核心信念。观察所有杰出的成功者，无一例外都拥有崇高的理想和献身精神。我们任何人都拥有与杰出成功者一样的潜能、一样的时间和一样的机会，问题在于心理表象的不同，即在开发潜能、利用时间、对待机会等一系列问题上均表现出了不同心态。

（6）求是精神

实事求是就是科学精神。我们提倡的创造精神，既不同于墨守成规，又不同于乱撞乱碰。人们越是能够实事求是，思想行动越是合乎实际情况和客观规律，他们就越能够发挥创造精神。有了实事求是精神，就可排除一切干扰，向着既定的目标，奋然前行。

3. 培养自我的创新品格

（1）自信心的培养

利用心理暗示，提升心理素质。利用心理暗示，提升心理素质有一个比较简单的方法就是经常默念简洁的、明确的、充满自信的口号。法国心理学家埃米尔·库埃是自动暗示领域的开拓者，在很多年前，他写下了这样的话："每天，在我生活的每一个方面我都越来越好。"你每天都大声地重复这句话一百次。每天都带着强烈的信念和愿望为自己鼓劲和加油，每天都这样做的人必定会成为某个领域里的专家。心理学认为，没有任何一个简单的口号可以在一夜之间改变人的人格，不能指望一次就改变所有的东西，但问题的关键是有多少人每天坚持这样的自我暗示。

改变自己、分析自己。改变自己是最难的事，创新者改变自己就改变了创新者外部的世界。改变自己当然要靠自己。一是看创新者读什么书，读成功人物的传记和成功自励的书可以帮助人们找到信心、勇气和力量。二是看创新者接触什么人，接触成功人士，拜成功人士为师就会使自己获得自信，更加相信自己。

树立必胜的信念。创新者的核心信念是指杰出的创新者所持有的信念。如果创新者拥有了这些信念并把它作为创新者生活中思考的内容，创新者就会有积极的、健康的思维方式。核心信念将促进创新者具有优质的自我表象，这也是创新者必须具有的。

（2）树立责任感和事业心

著名植物学家蔡希陶原先对动物十分喜爱，1929 年他被安排搞植物学研究时，只是勉强应允而已。后来他在实际工作中，特别是看到一些国家多次派专家到云南采集植物标本后，他的责任感促使他对植物研究产生了浓厚的兴趣，最后终于在植物学研究上取得了显著的成就。在实际生活中我们大都可以找到自己的兴趣爱好，每一个人的兴趣爱好都不一样，所以你要自己发掘你自己喜欢什么，想干什么，把这种思想加深，成功的那一天也就离你不远了。

（3）强化培养兴趣的主观意识

每门学科、每项技术都有其特有的魅力，都值得品味，体验到其中的乐趣和内在的美，就会培养出浓厚的兴趣。人对越感兴趣的东西，就越觉得有吸引力，自然就会对接触的事物产生兴趣，形成创新的思想基础。

（4）经常保持好奇心

好奇心是创新能力开发的一个重要因素。好奇心可以使人产生兴趣并驱动创新和创造。但是在一般情况下，人们的好奇心容易被激发，却难以保持。所以培养兴趣的一个重要的方面是经常保持已有的好奇心。追求创新有三个层次，第一层次，掌握知识；第二层次，发展能力；第三层次，形成良好的人格品质。好奇心对形成良好人格品质具有极为重要的作用。培养好奇心的方法主要包括以下方面。

选择适宜的环境刺激。人类周围的环境刺激是丰富多彩的。在学习中选择适宜的环境刺激主要是学习观念转变的问题。只要可以激发好奇心，选择适宜的环境刺激的空间是巨大的。

要学会自己寻找答案。对周围事物和现象感到新奇，要有意识地启发他们积极思考，寻找答案。积极参加各种可以引起好奇心的探索活动。可以充分运用各种感官，自己观察，自己动手操作，体验自我成就感。

培养好问的习惯。有了好奇，就会提出新问题，或者从新的角度去思考老问题，往往能得到新的发现与突破。"问题"产生于"好奇"与"质疑"，要形成一个真正具有科学价值的问题，则还需要多种条件和多方面的努力。培养好奇心的新理念，不仅要释疑、解惑，而且要启思、设疑，引而不发。"释疑、解惑"并非是将疑惑全部"冰释"，在解决旧疑的基础上，要思考新的、更深层次的问题，有时甚至要"设疑"，还要决不掩饰自己在某些问题上的失察甚至无知。创新人才的产生，需要十分自由、宽松地探究问题的环境，不能让问题思考止于自己。

创新、创造和发明具有无限的魅力。有志于开发自己创新能力的人，及早地进入新境界，让创新完善和充实自己的人生才是无愧无悔的人生。有人说："一个人只要一生中体验过一次科学创造的欢乐，就会终生难忘。"创新可以使创新者拥有快乐的人生、通过开发创新的活动，创新者会具有创新思维，并逐步提升自己的创新能力，当创新者获得了发明和创造成果的时候，创新者的价值观、人生观、世界观就会发生根本性的转变。

4. 意志品质的培养

意志是人们在社会实践中坚持不懈，长期保持的一种毅力，是创新者最可贵的品质，是创新者勇往直前、顽强克服困难险阻的心理品格。有人指出："顽强的毅力可以征服世界上任何一座高峰。"意志是创新者不可缺少的心理素质。创新者要培养意志品质，可以从五个方面着手：①树立远大有为的奋斗目标。②在创新活动实践中获得意志品质的锻炼和体验。③针对自己意志品质的特点，有目的地加强自我锻炼。④依靠纪律的约束力来加强自律，以规范自己的行为。⑤多参加有助于磨炼意志的体育活动，如长跑、攀岩、登山、游泳等，在锻炼身体的同时，培养自己的意志品质。

5. 质疑精神的培养

创新的智慧源于问题的提出，也就是质疑，提出"为什么"。正是质疑，才能激发创新欲望，想象出一种较有创新性的行为，培育出创新能力。杰出的创新成功者，敢于疑人所不疑，善于想人所未想，干别人所不干的事。成功的经验表明，通过质疑，才会培养具有独立思维的品格。质疑精神的自我培养可以从以下几个方面进行。

（1）可以与信心的培养相结合。有了自信，有一个良好的心情，才会独立思考，质疑精神就会自然产生。不自信就会盲目顺从、迷信权威、甘于平庸。

（2）保持注意力。注意力是人智力的有机组成部分，心理学研究表明，有意记忆的效果比无意记忆的效果好，保持注意力的高度集中是有效分析问题、解决问题的必要条件。

（3）遇到问题，坚持从多方面、多角度设问。

（4）理智地控制自我，在未发现自己错误之前，要坚持己见而不随波逐流。

（三）开发途径

能力是靠教育、培养、训练、磨炼和激励出来的，创新能力就更是如此。根据以往的摸索、实践和总结，可以用四个字予以概括，即"学、练、干、恒"。

1. 学

学习创新的基本知识，提高自我表象，增强责任感，强化创新动机。科学家、发明家等之所以获得成就，是因为他们都有独特的思维方式，与常人的差别仅仅在于一个是创新的思维，一个是复制性和常规性的思维。创新的思维是完全可以学习到的。开展思维的训练，需要学会在工作、学习和生活中运用创新的思维方式，把创新的思维方式转化为自己的思维方式。学习并掌握常用的个体创新技法和群体创新技法，采用了什么样的思维方式和方法就决定了创新者有什么样的结果。从某种意义讲，社会的发展，取决于方法的进步，而个体与群体的创新技法是创新思维转化的工具。在什么情况下，面对什么样的问题，选用什么样的创新方法会决定创新活动的速度和获取创新成果的频率。

2. 练

学了就练，学练结合。要成为一个具有创新能力的人，日常的训练是十分必要的。头脑通过不断的训练，才会更加灵活并富有弹性。练什么？练习想象力，练习思维的扩散能力、联想能力和变通能力，练习创新的构想，要做到"量"中求"质"，先是"量"后是"质"。因为具有创新性的构想往往是从众多的构想中产生的。

3. 干

干就是实践，就是用创新的思维、创新的技法，通过创新活动，创造性地解决各类问题。用创新思维去观察事物就会发现大量的问题有待解决。

4. 恒

恒就是经常化、制度化。把开展创新活动、迅速提升人的创新能力作为一项长期的培养任务来抓。无论对于企业界还是教育界，生存和发展是硬道理。如何发展，唯有创新，不创新就死亡，也是硬道理。

二、预测决策能力的开发

预测决策能力，是现代管理者要进行创新所必备能力中的核心。

（一）预测能力

预测能力是指对未来做出估计的能力。预测是创新决策的前提，要做出正确的创新决策，必须有科学的预测。预测技术是指对事物的发展方向、进程和可能导致的结果进行推断或测算的技术。预测技术是在调查研究事物历史和现状的基础上，通过各种主观和客观的途径及其相应的方法，预测事物的未来，并为最优决策提供科学依据。超前和预见意识的本质就是创新。谁的超前意识强，科学的预见能力强，谁的创新性就强，就能在社会的激烈竞争中争取主动，获得成功。

（1）预测方法。预测方法分为定性方法和定量方法两类。定性预测大都侧重于质变方面，回答事件发生的可能性。定量预测侧重于量变方面，回答事件发展的可能程度，主观预测大多属于定性预测。在实际应用中，一般多采用定性和定量相结合的方法。定性预测方法主要有专家调查法、想定情景法、主观概率法、相互影响分析法和对比法等。定量预测的方法主要有对比法、趋势法、分析法、模型法和平滑法等。

（2）预测实施步骤。①明确预测任务或目标；②确定预测的时间界限；③掌握事物的发展规律和有关的数据、资料等信息，分析历史上发生的偶然事件，预估未来偶然事件发生的可能性；④选择适当的预测途径和方法；⑤建立相应的预测模型，如概念性的、结构性的或系统性的；⑥分析模型的内部因素及其相互关系；⑦分析模型外部因素及其想定情景；⑧进行预测；⑨对预测结果进行灵敏度分析；⑩对多种方案预测结果进行分析评价，最终提供预测和分析结果。

（二）决策能力

决策是指为最优化达到目标，对若干个准备行动的方案进行的选择。就创新决策的重要程度而言，可划分为战略决策和战术决策。管理者要进行创新实践，尤其需要具有做出战略决策的胆识、气魄和能力。这种决策正确与否，决定着创新工作成功与否，直接影响着管理效益。因此，战略决策是管理者进行创新实践的首要职责。

决策包含决策工作和决策行动两个阶段。决策工作是指从确定目标到拟定备选方案的整个过程，一般是由管理者委托咨询机构的专家们进行的。决策行动是指领导者根据咨询机构提出的方案进行选择，决策是管理者的基本职能，无论行政管理、科技管理，还是企业的经营管理活动，都贯穿着一系列的决策。科学地进行决策是保证社会、政治、经济、文化、科技、教育、卫生等各项工作顺利开展的重要条件，也是一个人创新水平的重要标志和决策能力的标志。

（三）科学决策程序

科学决策程序一般可分为八个阶段：①发现问题；②确定目标；③价值标准（评

价指标）；④拟订方案；⑤分析评估；⑥方案选优；⑦试验验证；⑧普遍实施。科学决策程序中的各项工作并不是都需要管理者亲自去做，大部分工作可委托咨询机构的专家们去完成。管理者的职责是严格遵循科学决策程序和充分发挥专家们的作用，其中，发现问题、确定目标、价值标准和方案选优则是管理者必须亲自过问的。

（四）开发创新决策能力的途径

（1）开拓创新，慎重果断。只有具有开拓创新的意识，有改变现状的迫切性，才能敏锐地发现和提出问题，面对复杂情况，拟订各种方案，深思熟虑，谨慎选择，但在创新关头，要"当机立断"。在实施中，要坚定不移，不要轻易放弃原先的创新理念。

（2）谦虚博学、实事求是、知识渊博并巧于运用，使自己在创新时足智多谋。

（3）善于深入实际，吸取大众的智慧，广泛征求各种意见，包括听取反面意见，集思广益，发挥创新决策组织的作用。一旦发现失误，应敢于否定原先的决策，具有一定应变能力。

（4）按科学程序进行创新。这是科学决策的重要保证，一般要经过调查研究、确定决策目标、制定方案、方案选优、方案实施、信息反馈、休整调整等阶段，防止个人独断专行。

（5）注意采用先进的科学决策方法。科学决策常常采用定量分析与定性分析相结合的方法。常用的科学决策方法包括调查研究、咨询技术、预测技术、环境分析、系统分析、决策分析、可行性分析、可靠性分析、灵敏度分析、风险分析、心理分析和效用理论等。决策者在选择最优方案时，情况非常复杂，最后选定的方案不一定每一个指标都是最优的，这就要求决策者运用自己的知识、经验和智慧，做出正确的决策。

（6）追踪决策。若决策实施的结果表明原来决策将无法实现预定目标而需要对目标或决策方案进行重大修正时可采用追踪决策。追踪决策实质上是对原来的问题重新进行一次决策。

三、应变能力的开发

在现代科学技术进步的条件下，决策的综合性、复杂性和动态性更加明显，这些特征决定了管理者担任的管理工作基本都是创新性的活动，必须有创新能力。例如，在经营管理方法上，要不断树立新的经营意识和经营观念，引进新的生产方式，开拓新的市场，控制新的原料来源，改进新的组织与管理。管理者要在管理实践中不断创新，积极进取，应该注意开发创新应变能力。

（一）培养敏锐的观察力

优秀的管理者富于理想，兴趣广泛，能深刻了解社会现象和管理现状，能敏锐地发现问题，并预见不解决这些问题会对管理和创新带来的影响和后果，能掌握管理对象心理和要求，激励自己去思考、探索和解决问题的方法和途径。

（二）形成立体思维

只有善于学习，知识丰富，思想流畅，才能开发潜在意识，培养丰富的想象力，才能在遇到问题时，善于举一反三、触类旁通，出点子、想办法，提得出解决问题的最佳方案。

（三）独立思考、巧于变通

对自己充满信心，在各种议论面前，能独立思考，决不盲从，并善于运用综合、移植、转化等创新方法，排忧解难。

（四）脚踏实地、敢作敢为

决不优柔寡断，思前虑后。面对复杂环境，能迅速提出意见，并把它变成计划，付诸行动。还要敢于负责，工作踏实，不达目的，决不罢休。中国人常讲一句话，"计划赶不上变化"，好的执行力还需好的应变力来配合，即在工作中不断的修正，以保证计划得以实现。

（五）随机应变，因势利导

随机应变的战略是必要的。组织内外形势和条件是变化的，要适应变化，就必须适时调整政策和战略，审时度势，随机应变。根据情况和形势的变化科学地调整已方的策略方法。随机应变要注意发现问题所在。创新的内涵是指反映于创新概念中对象的本质属性的总和。创新内涵包括对事物的全面认识、对旧事物进行批判、创造新事物和开拓新领域等。从其扩展意义上看，创新内涵则包括了创新意识、创新精神、创新机遇、创新工程和创新模式等。

四、处理信息能力的开发

信息，是现代管理的一种特殊的"无形资源"，是管理活动不可缺少的要素，也是创新和发展的基础。处理信息能力是管理者进行创新活动，如管理控制、协调关系的关键，也是进行创新决策的前提。一个管理者吸收、消化和处理信息的能力大小，将直接影响到创新工程的发展程度。开发大学生创业者处理信息能力的途径包括以下几个方面。

（一）搜集信息

派谁搜集、搜集哪些信息和怎样搜集信息，必须有明确的安排。布置信息的收集工作，应有完整的计划，计划包括确定问题或目标以及决定所需信息的种类，确定信息来源，选择搜集的手段和方式，明确信息方式与结论。

（二）分析信息

分析信息的首要环节是分类，把繁杂的信息加以科学分类，也是创业者应具备的能力。信息的分析过程，往往是创业者做出创新决策的酝酿与准备过程。

（三）分配信息

信息经过分析和分类，必须及时、准确地分发给有关工作部门，否则就失去信息的效益，甚至造成失误。分配信息是处理信息能力的一个重要标志。

（四）检查监督

工作中将信息分发给有关部门后，必须检查各部门对信息的消化、运用情况。

（五）沟通

信息是决策的基础，而沟通则有利于信息流动和共享。沟通的主要因素包括信息发送者、信息传递渠道和信息接收者。

1. 沟通的作用

沟通是统一组织活动的手段。组织内部上下级及成员之间的沟通是组织员工、联络成员以实现共同目标的必要手段。沟通是联结组织与外部环境的桥梁。

2. 沟通的方式

在现代组织系统中，信息的流动速度要比过去任何时候更迅速。要成为一个成功的创业者，他就需要以一定的信息作基础，去履行管理职能，开展管理活动。获取信息、传递信息的过程就是沟通。

3. 有效沟通的基本要求

要实现有效的沟通，首先要认清沟通中的各种障碍并予以排除，这是沟通的基础。

（1）沟通过程中的障碍及其克服方法

沟通障碍主要来自五个方面，要排除障碍也必须从这五个方面努力。①由信息发送者造成的障碍。由于发送者对信息传送的目的未经思索，对发送的内容未经计划、整理就发表意见，这就容易出现沟通障碍。②传递信息中的障碍。信息从一方传到另一方的过程中，由于损失、遗忘、误解等带来信息的失真。③由接收者造成的障碍。由于每个人的兴趣不同，心理准备相异，他们往往有选择地接收信息，即只接收自己喜欢听或喜欢看的信息，这就造成信息的流失。④人际关系对信息沟通的影响。信息沟通是发送者和接收者之间的"给"与"受"的过程，这是个双向互动过程。⑤过量的信息造成的障碍。信息量过大来不及处理会导致的有用信息拥塞，丧失有效性。

（2）沟通的要求

首先，沟通双方所使用的符号应当是彼此熟悉的，这是有效沟通的前提。其次，沟通过程中不可唱独角戏，应注意协商、交流，以获得支持。再次，传递对接收者有所帮助或有意义的信息。最后，通过沟通，实现相互理解。

五、控制协调能力的开发

（一）开发控制能力

控制就是用组织要求对照员工的操行实际，据此做出相应的调控，以保证组织目标圆满实现的管理过程。关于这个定义我们可以从两个方面来理解：控制是主体向对象有目的地施加的主动影响；控制的实质是使对象状态符合组织要求。

1. 控制的要素

（1）控制主体。由施行控制的管理人员组成。他们负责制订控制标准、决定控制目标、向受控者发出指令。控制主体在控制系统中处于主动地位，起主导和支配作用。

（2）控制客体。它是由人、财、物、时空、信息、组织等构成的，受控系统必须执行控制主体的指令，将一定的物质、能量和信息进行合理的配置，创造出合乎控制主体要求的业绩。控制客体在控制系统中处于被支配地位，并反作用于控制主体。

（3）监控系统。由专门负责监测员工操作实际的专业人员和机器、机构组成。其职责不仅要检查控制客体的作业结果和作业过程，而且将其监测结果反馈给控制主体，作为调整组织运行的依据，使整个组织行为不断趋近并达到预定目标。它在控制系统中处于辅助地位，是监测和调整控制主体与控制客体相互作用的中间环节。

2. 控制的前提

（1）控制必须以计划为依据。计划越清晰、越完整，控制就越有效。

（2）控制以明确的组织结构为保障。控制是通过人起作用的，若组织责任不明确，我们就不知道确定偏离计划的责任由哪个部门、由什么人承担，也就不能采取相应的调控措施。

（3）控制必须客观。控制是以反馈信息为基础的，这里的信息主要是指管理人员对员工工作业绩的评价情况。

（4）控制应该灵活机动。组织内部环境是不断变化的，外界条件也在不断发展，组织为迎接这两方面的挑战，就有必要修订计划，完善控制标准，调整控制方式。因而控制系统应该具有足够的灵活性以适应变化着的内外条件。

（5）控制应该经济有效。要提高组织的效益，需要有两个条件作为保障：一是决策正确，二是效率提高。

（6）控制必须及时。一般来说，发现工作失误是比较容易的，将控制标准与员工的工作实绩进行比较，就可以及时发现问题。

（7）控制应放眼于全局。组织是由各相对独立的而且彼此关联的子系统构成的。

3.控制的类型

（1）事先控制。又称前馈控制，指为事先预计可能出现的问题采取预防性控制。例如，某企业的销售量预计将下降到比原计划更低，企业的主管人员就制订新的广告计划、推销计划，以改善预计的销售状况。事先控制位于运行过程的初始阶段，投入与运行过程的交接点是控制活动的关键点。

（2）现场控制。指管理人员在工作现场指导、监督员工工作，以保证计划目标的完成。现场控制，就是正在运行过程中的活动的控制。

（3）事后控制。又称反馈控制，指根据已取得运行结果的信息，对下一步运行过程做出进一步纠正的控制。

4.控制方法应用步骤

（1）确定标准。标准是工作成果的规范，是对工作成果进行计量的关键点。

（2）衡量成效。即衡量、对照及测定实际工作与标准的差异。

（3）采取措施，纠正偏差。

5.开发控制能力

（1）紧紧抓住主要问题。创业者对影响全局的问题要严格控制，对一般问题则需进行弹性控制，不必样样都控制在自己手里，这叫作"抓大放小"的控制艺术。例如，对企业经营管理时，管理者一般要严格加以控制的主要问题是各种计划编制和实施，投入产出的比例，产品质量、成本以及人、财、物的平衡，资金收支平衡，供产销平衡等。

（2）加强基础工作，制定控制标准。一定要做到事先控制，在问题刚出现时就加以控制。平时，要注意做好基础工作，对经常产生问题的环节，制定切实可行的控制标准，用绝对数、百分率等下达到有关执行部门，作为考核的标准。

（3）发挥各职能部门的控制体系作用。关键是提高各职能部门和管理者的责任心，通过他们去了解情况，发现和解决问题。同时，要重视计划、报表、专业会议的作用，从中了解和掌握情况，研究分析产生问题的原因，及时做出决策，采取措施，并进行有效控制。

（二）开发协调能力

协调，就是处理各种关系，解决各方面的矛盾，实现理想配合。协调关系，就是处理企业内部和企业同外部的各种关系，共同和谐发展。

（1）抓住机会来协调。企业外部环境和内部环境条件都在动态之中，经常会出现。"内外"的不平衡，也经常会有"良机"出现。管理者的任务就是善于捕捉这些良机，不断开发内部关系，开垦外部环境，建立新的"内外"平衡。

（2）对工作职责的协调。企业应当明确各职能部门、各管理人员分工和职责。当出现职能不明、产生矛盾时，管理者要果断裁定，不要含糊。让每个人都了解自己的工作目标和担负的责任，协调地开展工作。

（3）对人力、财力、物力的协调。人力、财力、物力的来源和分配上出现问题，往往会影响纵向的贯通和横向的配合。管理者应当严格按计划办事，合理分配，积极平衡。

（4）要协调企业的物质文明建设与精神文明建设的关系、长远目标与近期任务的关系、发展速度与效益的关系。对涉及面广的重大问题，可指定专门部门或专业人员去协调。

（5）倡导相互支持。各部门领导之间在强调自己工作的地位和作用时，不能贬低其他部门的地位和作用。工作的配合与支持不能仅是单向的要求，还应成为双向的给予。

（6）促进合理竞争。要求部门之间形成一种正常的竞争关系，求同存异，互相支持，密切合作，最大限度地发挥积极性和创造性，努力实现组织系统的整体目标。

六、思维能力的开发

（一）突破思维障碍

思维是一种复杂的心理现象，是人的大脑的一种能力。当代的心理学家认为，思维是人脑对客观事物的概括的、间接的反映。从字面上分析，"思"就是思考，"维"就是方向或次序，因此思维也可以理解为沿着一定方向、按照一定次序的思考。思维障碍阻碍了我们创造性地解决问题，对于创新是非常不利的。我们要进行创新思维，首先必须突破思维障碍。具体来说，必须做到：第一，对问题提出多种设计，产生多种多样的联想，以求获得多种不同的结论，筛选择优；第二，思维要根据各种不同客观情况灵活变化，及时纠正自己的思维偏差；第三，要特别注意克服思维过程中的直线式思维方法；第四，要注意思路的拓展，当思维之路受阻时，要及时调整，有时可进行必要的反向思考。

（二）扩展思维视角的方法

1. 改变思考方式

从古到今，大多数人对于问题的思考，都是按照常情、常理、常规去想的或者按照事物发生的时间、空间顺序去想，这就是所谓的"万事顺着想"。在顺着想不能很好地解决问题时，倒着想是一种创新的选择。新的思路，能取得意想不到的新结果。在解决实际问题时遇到了困难，不是在原来的思考点上转圈子，而是敢于跳到对面去，在事物的对立面上重新找切入点，这是扩展思维视角、实现创新思维的重要途径。如果创新者是思考社会问题，创新者可以把自己换到其他人的位置上，特别是创新者考察对象的位置上。如果创新者研究的是科学技术问题，创新者可以更换观察的位置，从全方位去分析问题。

2. 转换问题获得新视角

聪明人可以把复杂的问题越搞越简单，不聪明的人可以把简单的问题越搞越复杂。事实上，在解决复杂问题时能够化繁为简就体现了一种新的视角。对于从未接触过的生疏的问题，可能一时无法下手，找不到切入点，但不要望而却步，试着把它转换成自己熟悉的问题，可能就会有新的视角，也许还会有出色的成果诞生。世间有些事情是能够办到的，有些是难以办到的，有些根本就是不能办到的。但是，不能办到的就不能转换成能够办到的吗？如果能够，我们就多了一种新的观察和解决问题的视角。

3. 把直接问题变为间接问题

在解决问题时，"退一步海阔天空"的道理同样有效。如果遇到了困难，暂时退一步，等待时机，就可能使情况朝着有利的方向发展，这时再前进，问题的解决就要容易得多。退，绝不是逃避，而是积极的转移，是以最小的代价去取得最大的胜利。

有时，为了前进，也可以转弯，兜圈子。在各个领域，为了克服困难，解决问题，都需要从迂回前进的角度去改变思路。在面对一个不易解决的问题的时候，有时要先设置一个新的问题，作为铺垫，为解决问题创造条件。一切事物都是互相联系的，而任何问题的解决也都是有条件的，解决一个小问题，就可能为解决下一个大问题创造条件。在创新者动手解决问题之前，可以先想一想，是否有创造解决这个问题的条件，寻找这种条件，就是扩展视角的过程。只要有扩展视角的意识，掌握了扩展视角的方法，我们解决问题的办法就会多起来。

（三）实施创新能力开发系统工程

创新是一项艰巨的系统工程，也可以说是人的创造工程。人，是创新工程的主角，具有创新素质的人，才能实施创新事业。一个人要进行创新，要具备以下条件。

1. 克服心理阻力

人的创新心理品质是创新活动的前提，看一个人是否能进行创新活动，在很大程度上是看这个人是否具有创新心理品质。历史上不少有建树的人都是思维活跃、敢于标新立异的人。伟大的科学家爱因斯坦所取得的巨大成就，就在于他敢于对现成的理论质疑和突破，不迷信权威，不盲目从众。因此，要克服不敢变通的思维习惯，不断地拓展自己的思路。

2. 建立创新机制

建立创新机制是实施创新的重要条件之一。这一点主要针对组织者而言。对创新者来说，创新没有进行合理的评价和鼓励，是阻碍创新思维能力提高的另一重要因素。创新能力的发挥既有赖于个人的主观因素，也与其所处的环境有很大的关系。人的智慧、想象力、创新力的充分组合，也需要合理的评价机制和激励机制。如果组织和领导体制中缺少对创新者的促进机制，没有形成一种创新的氛围，人的创新能力就很难发挥。因此，我们在组织创新活动时，要注意建立创新的促进机制。

3. 丰富知识储备

丰富的知识是创新的基础，每个人都要重视知识的积累。有的人提出，在现代社会，需要的是善于交际，猎取信息，而不是知识。"宁做开拓型，不做知识型"，这种看法犯了一个致命的错误：把能力和知识割裂开来，以为创新是一种信手拈来，不需要条件的东西。殊不知，人的一个基本要求就是知识素质，而素质的一个重要内容是知识修养。

4. 善于提出问题

创新力的一个重要素质还包括善于提出问题。要开创工作新局面，就必须不断开阔眼界并且不断探索，善于发现问题、提出问题并且创造性地解决问题。爱因斯坦有句名言："提出一个问题往往比解决一个问题更重要。"这句话虽然主要是针对科学研究的，但对大学生的创新创业工作来说也同样适用。

第四章　大学生创新创业指导

第一节　创新创业的社会环境

一、大学生创业概述

（一）大学生创业的类型

创业是创业者对自己拥有的资源或通过努力对能够拥有的资源进行优化整合，从而创造出更大经济或社会价值的过程。创业是一种劳动方式，是一种需要创业者组织和运用服务、技术、器物等进行思考、推理和判断的行为。研究者曾作出如下定义：创业是一种思考、推理结合运气的行为方式，它为运气带来的机会所驱动，需要在方法上全盘考虑并拥有和谐的领导能力。创业作为一个商业领域，致力于理解创造新事物（新产品、新市场、新生产过程、新技术、新方法）的机会如何出现并被特定个体发现或创造，这些人如何运用各种方法去利用和开发它们，然后产生各种结果。创业是一个人发现了一个商机并加以实际行动将其转化为现实的实践，从而获得利益，实现价值。

大学生创业是一种以在校大学生和已毕业大学生群体为创业主体的创业过程。随着社会就业压力的变化，创业逐渐成为在校大学生和已毕业大学生的一种职业选择方式。大学生作为年轻知识人群，有着较为丰富的知识储备。但因为大学生这个群体社会实践经验与能力的欠缺，与创业的成功要素相矛盾，导致大部分大学生创业在初期就自行夭折，使大学生创业成为了社会共同关注的话题。随着经济的发展，投身创业的人越来越多，调查研究表明，创业者基本可以分为以下类型。

（1）生存型创业者

生存型创业者大多为下岗工人、失去土地或因种种原因不愿困守乡村的农民，以及刚刚毕业找不到工作的大学生。这是数量最多的。一般创业范围均局限于商业贸易，少量从事实业，也基本是小型的加工业。当然也有因为机遇成长为大中型企业的。

（2）主动型创业者

主动型创业者可以分为两类：一类是盲动型创业者；另一类是冷静型创业者。前一类创业者大多极为自信，做事比较冲动。这类创业者喜欢博弈，很容易失败。冷静型创业者是创业者中的精英，其特点是谋定而后动，不打无准备之仗，或是掌握资源，或是拥有技术，一旦行动，成功概率通常很高。

（3）赚钱型创业者

赚钱型创业者除了赚钱，没有什么明确的目标。他们就是喜欢创业，不计较自己能做什么，会做什么。可能今天在做着这样一件事，明天又在做着那样一件事，他们做的事情之间可以完全不相干。甚至其中有一些人，也从来不考虑自己创业的成败得失。

（4）创新型创业者

此类创业模式对创业者的个人素质要求很高，创业成功往往形成独家企业，有时形成新的业态。创业者首先要处理好创意、创新、创业三者的关系：常规思维及创新思维产生创意，创意是创新的基础，创意是创业的动力源之一，创新与创业的结合形成新的生产方式，良好的创新创业氛围更易激发人们的创意，创意创新和创业完美组合的链条是推动各业发展、社会繁荣的重要源泉。

（5）迭代创业

互联网时代认知迭代、产品迭代、组织迭代、营销迭代，处于不断迭代的创业模式中。互联网迭代创业的认知标准是打造超级 IP，企业要在细分市场建立一个高维度且富有想象力的认知。让大市场明白你到底是什么，让用户知道你是先进的还是落后的，你的认知能力是否提升到可以布局未来。

（二）大学生创业的优势

主要有以下四点：

（1）大学生往往对未来充满希望，他们有着年轻的心态，充满激情以及"初生牛犊不怕虎"的精神，而这些都是一个创业者应该具备的素质。

（2）大学生在学校里学到了很多理论知识，有着较高层次的技术优势。技术的重要性是不言而喻的，大学生创业从一开始通常会选择高科技、高技术含量的领域，"用智力换资本"是大学生创业的特色。一些风险投资人往往就因为看中了大学生所掌握的先进技术，而愿意对其创业计划进行资助。

（3）现代大学生有创新精神，有对传统观念和传统行业挑战的信心和欲望，而这种创新精神也往往成为大学生创业的动力源泉，成为其成功创业的精神基础。大学生心中怀揣创业梦想，努力打拼，最终创造财富。

（4）大学生创业的最大好处在于能提高自己的能力，增长社会实践经验，以及学以致用。大学生通过成功创业，可以实现自己的理想，证明自己的价值。

二、大学生创业能力和心理基础

（一）大学生创业基本能力

1. 自我认知及科学规划

这一点对年轻人来说，是不容易实现的。尤其是大学生刚出校门，对社会和自己的认识还非常有限。要想清楚地知道自己以后的发展方向，仅靠自身的苦思冥想是找不到答案的。最好的办法就是通过观察别人，征求"过来人"的意见，再结合自己的实际情况制订一些小的目标，通过确定和实现这些小目标，再慢慢地开始规划自己的人生。在创业过程中，要经常提前作计划或规划，在制订计划的时候一定要综合各种因素，形成切实可行的方案，将任何可能的细节都考虑在内。而在实施的过程当中要针对当下的具体情况进行，适时做调整。运营需要强有力的计划管理能力，只有具备这一能力才能让自己更靠近创业成功。

2. 胆识和魄力

作为创业者，你就是团队的灵魂。团队运营后，甚至在筹备之初就会面临各种各样的决策，你的一举一动都左右着创业的发展走向和兴衰。前期创业者可能会广泛地征求亲朋好友的建议，一旦自己能够独立自主后，就必须要通过自己的智慧和胆识去决定各种大小事务。当在自主做出决策时，谨慎是必不可少的，一旦优柔寡断可能就会失去一个绝佳的商机。同时，决策的胆识和魄力一定要建立在深思熟虑的基础上，既要排除风险又要兼顾利益最大化。

3. 团队管理、信息管理、目标管理

任何创业都如同经营一家企业一样，需要制订各种制度。制度不在于多，而在于是否让所有相关人都能够明白其道理，并且严格执行。创业者需要针对自己团队实际情况建立各种有效的管理制度。同时，针对市场的不断发展变化而改进相应制度，只有这样才能够让创业者及其团队立于不败之地，拥有发展的主动权。在此想提醒大学生创业者，在制订和改进管理制度的时候，一定要基于客观事实出发，而不要想当然，要极力保证制度的可实施性。创业者每天都会通过不同渠道接触各种信息，如何从大量的信息里筛选与自己相关的，再从与自己相关的信息里找到有效的，这需要长时间的锻炼。只有正确有效信息才能指导自己各项工作有序开展。对于大学生创业者而言，由于缺乏大量的社会实践经验，所以在接触各种信息的时候，难免会武断地做一些决定。当大家对信息无所适从的情况下，可以向过来人进行请教，加以甄别。要在观察和请教别人的过程当中，不断提高自身管理信息的能力。

4. 谈判能力

在创业者人际交往过程当中，与人谈判的情况必不可少。谈判对创业者的要求是综合多面的，需要创业者有一定的语言能力、心理分析能力、人文素养等。要想在谈判当中占得主动地位，必须要有很强的谈判能力。杰出的谈判能力能够让创业者在谈判过程中直接获得效益。

5. 处理突发事件

创业过程当中，会不可避免地发生一些突发事件，而其中很大部分都是我们想避免的。然而当事情发生的时候，需要我们更为积极地应对。通过用心的服务会向顾客

者传递一种负责任的形象。如何处理好每次的突发事件，化险为夷甚至通过这些事件的妥善解决，让顾客更加认同你或者你的团队，可以不断传播好口碑。

6. 学习提高

在现代社会要想取得不断地成功，必须具备持续的学习能力。市场和行业的竞争日益激烈，创业者必须比竞争对手更快地掌握更多的知识，通过不断地学习使自己处于不败之地。对于大学生创业者而言，除了书本的理论知识，更要重视学习其他方面的综合能力。

7. 社会交往能力

良好的人际关系，不仅能给创业带来帮助，而且还能助你走向成功。大学生创业者在开始创业后必将会接触到各种不同类型、身份的人，要尽可能地在与前辈们的交流和学习当中不断认识到自己的不足，针对性地加以完善。

8. 保持身心健康

创业者经常是要与孤独和挫折为伴，绝大多数的创业过程都不是一帆风顺的。时下流行一个词"逆商"，也就是说人适应逆境的能力。创业者如何保持乐观而稳定的心态，需要在长时间的历练当中找到方法。而大学生创业者一般都比较心高气傲，有着强烈的自尊。建议刚毕业的大学生要放低姿态，平静地去接受一切可能的打击。同样，在得意时，也要克服骄傲的情绪，切不可沾沾自喜，妄自尊大。身体是革命的本钱，创业者只有身体健康才能够支撑一切的打拼和奋斗。为事业拼搏而废寝忘食的精神非常值得肯定，但是终究不能视之为常态。大多年轻的创业者都精力旺盛，一旦投入工作中都很难自拔。在创业的过程当中一定要注意劳逸结合，切莫因为太拼而影响自己的身体健康。

（二）大学生创业核心能力

1. 价值优越性

核心能力应当有利于企业效率的提高，能够使企业在创造价值和降低成本方面比竞争对手更加有优势。

2. 异质性

一个创业者拥有的核心能力应是独一无二的，这是企业成功的关键因素。核心能力的异质性决定了企业之间的异质性和效率差异。

3. 不可仿制性

核心能力是在企业长期的生产经营活动过程中积累形成的，深深地印上了该企业特殊组成、特殊经历的烙印，其他企业难以复制。

4. 不可交易性

核心能力与企业相伴而生，虽然可被人们所感受到，但却无法像其他生产要素一样通过市场交易进行买卖。

5. 难以替代性

和其他企业资源相比，核心能力受到替代品的威胁相对较小。没有核心能力的创业不过是昙花一现。

（三）大学生创业心理基础

1. 创业是一种修行

修行重在实践与行动，在修行中体验、见证与感悟。做学问则往往是抽象出具有普遍意义的规律与方法来指导大家。诚然万事皆有学问，但创业的学问重点不是在方法上。不少高校都开设了创业课程，还有的成立创业协会和创业训练营。这些创业课程如果不是围绕行业特征、产品策划和团队建设来开展的话，则只是成功学的翻版。

2. 打消"第一桶金"思维

许多年轻人都对创业成功者的"第一桶金"感兴趣。第一桶金，指的是早先开展的某项业务，在极短的时间内赚到了相当可观的一笔钱，再用这笔钱成就了一个更大的事业。这里并不推崇"第一桶金文化"，不建议同学们对第一桶金那么感兴趣。因为崇尚第一桶金就是在崇尚成功学，崇尚不择手段地快速爆发，并且在骨子里并不是喜欢当前创业的项目，只是想借这个项目谋得一笔钱，然后转型。要创业，就一定要选择自己愿意为之终生付出的事情来做，才有可能做好，定义为过渡性的事情，一般都做不好的。何况，大多数创业者都是从基础开始，起点低、底子薄，如果能够找到一个目标，既能作为一项长期的事业来坚持，又能养活自己，就已经成功了。

3. 确定早期股权结构

初创企业的早期股权结构如何才合理？在这个问题上，没有标准的答案，创业者对于公司的股权不能不当回事，也不能太当回事。某知名杂志撰文说，19 世纪以来，世界上最伟大的发明，不是飞机、汽车、电脑或手机，而是"公司制"。说不能不当回事，就是创业者按照"公司"的理念来创业才是正道。公司的理念在本质上就是公司法人和股权治理结构。企业初创期合理的股权结构安排，会有利于企业长期发展和灵活扩展。有不少企业也是因为股权结构分散或者过于集中以及股东矛盾等原因导致失败的。说不能太当回事，就是创业者要正确地根据公司性质与估值来合理划分股份，不能想当然。股权结构设计上来说，初创企业有两种类型，一种是技术创新型企业，往往创始人团队无形资产价值较高，应保持占有 60% ～ 70% 股份启动创业，财务投资人不宜占有超过 30% 的股份，并适当预留一部分股权作为员工激励。另一种是资金占用型企业，比如房地产开发、加工厂、实体店之类，创始人团队的价值主要体现在运营管理上，技术含量有限，无形资产价值也有限，也很难形成技术壁垒，主要还是靠资本的力量来推动发展，这种情况下一般投资方会占有很大的股份额，管理团队可能拿 10%～20% 的股权激励就不错了。也就是说，并不是每一个项目上创业者、管理团队就一定能占有大股份，要依据具体项目而设定。

三、大学生创业的社会环境

（一）大学生创业教育

1989 年，权威机构首次提出并讨论了"创业教育"的概念，将创业教育视为未来的人应该掌握的"第三本教育护照"。创业教育被赋予了与学术教育、职业教育同等重要的地位，其根本思想就是培养创业意识、创业品质、增强创业能力。

大学生创业教育就是以提高大学生综合创业能力为目的，培养具有创业意识、创业精神、创业人格、创业心理品质的高素质人才的教育。特别是培养大学生"白手起家"创办小企业（微型企业）的精神和能力，使更多的求职者变成工作岗位的创造者。和就业教育比较，创业教育不直接帮助大学生去寻找工作岗位，而是重在教给大学生寻找和创造工作岗位的方法。大学生创业教育不是简单的专业技能教育，其中心任务就是激发大学生将知识、技能转化为产业的意识和大学生个人内在的需求，它的核心是创新教育，以挖掘人的创造潜能、坚持以人为本、弘扬人的主体精神、促进个性和谐健康发展为根本宗旨。

（二）大学生创业现状

高校的创业教育起步较晚，创业教育尚未成为高校整体育人体系中的重要组成部分，往往是以"第二课堂"的形式开展。同时，高校创业教育不论是理论层面还是实践指导层面都缺乏应有的深度和广度，特别是对创业教育开展过程中碰到的新情况、新问题，缺乏系统的研究和有力的回答。许多高校在实施创业教育时，重理论知识灌输和课堂教学传授，而在如何结合当代大学生的特点激发创业意识、培养创业精神、锻炼和提高创业能力等方面尚未形成有效的培养体系。

目前制约大学生创业教育的主要问题有以下三点。

1. 创业教育的定位不清

一方面，学校对"创业教育"应该放在什么样的位置没弄清楚，很多高校只是随大流，在实际工作中只是抓教学、抓科研，一直以来没有重视在校学生创业问题，没有建立正式的机构，来具体主抓大学生创业的相关问题。

另一方面，学生以及部分教师对创业教育的本质没弄清楚。创业教育是素质教育的深化和发展，是素质教育的落脚点与具体体现。创业教育体现为以人的创新能力和综合素质培养为核心的广义的创业教育和以具体的操作技能为主要目标的狭义的创业教育。

2.创业教育的受益面过窄

目前，部分高校将创业教育视为"精英教育"，主要表现为学校关注的目光更多是投向少部分学生的创业竞赛成绩与学生开办公司的数量上。显然，这些做法使大部分学生只是袖手旁观的"看客"，创业教育受益面受到极大限制。

3.师资力量缺乏

很多大学生创业教育的主体仍然是各高校原有的教师队伍，他们大部分已经执教多年，教学经验十分丰富，科研成果较多，能够为学生进行创业打下较好的理论知识基础。但是创业教育实质上是一门实践性教育，高校教师多数没有亲身创业的经历，所以培训出来的学生对创业的认识常常束缚在原理上，缺乏创业的实践能力，影响了其创业的积极性和创业的成功率。

第二节 大学生创新创业准备

一、大学生创业的准备

（一）思想准备

1.创业意识

创业意识的培养是大学生今后取得创业成功的前提，想创业，才会选择创业，进而取得创业成功。创业意识是激发人们进行创业活动的诉求，是创业者从事创业活动的内在动力。要认识到为什么自己会选择自主创业，这是启发创业意识的根本所在。在众多就业途径中，自主创业这条路显得很灵活，虽然创业带有一定的条件性和风险性，但是创业成功与否都体现了跨入社会、自食其力的成功表现，选择自主创业或许能为自己今后的就业铺就一条成功的道路。创业不是每个人生来具有的能力和素质，创业更多地需要后天的培养和积累。俗话说："凡事欲动，必先谋其思。"进入大学校园后，如果有创业的想法，首先应树立自我创业意识，无论在学习、生活上都应向着创业这方面努力和准备，一旦毕业，就可以把自己的创业想法付诸行动。

2.创业时机

创业的动力来自于创业者对自我价值的实现要求。自我实现的需要是最高层次的需要，满足这种需要就要求完成与自己能力相称的工作，最充分地发挥自己的潜在能力，成为自己所期待的人。这是一种创造的需要。有自我实现需要的人，似乎在竭尽所能，使自己趋于完美。自我实现意味着充分地、活跃地、忘我地、集中全力地、全神贯注地体验生活。因此，创业者通过创业来实现自己的人生价值是一种最高境界。

（二）心理准备

随着市场经济竞争的加剧，对于刚刚步入社会就选择创业这条道路的大学生而言是更大的挑战。一个勇于创业的人，必定也是一个有着较强心理素质的人。大学生生活在校园环境中，每天不用面对复杂的问题、承受过大的心理压力，要适时地将宽松的氛围当成增强心理素质的最好平台。"不积跬步，无以至千里"，只要我们细心对待大学的每一件事和每一个人，勇于面对问题和挑战，我们的心理素质就会不断提高，为今后的创业做好铺垫。成功的创业者一般需要具备以下心理素质：自信稳重、决策果断、勇于冒险和责任意识。

1. 自信稳重

细心是成功的基石。做任何事情，只要自己下定了决心就一定要持之以恒，坚持到底，要有自信和态度。大学生在低年级时段可能不会接触过多的创业行为，但是在平时校园学习和生活中，做任何事都应具有较强的自信心和稳重得体的处事风格，这将直接影响到创业基本素质的形成。

如何能够让自己充满创业自信呢？建议大学生们从以下几点进行锻炼。一是关注自己的优点和取得的成绩，不要总认为自己不如他人，要正确客观地评价自己和他人，要明白"人无完人，金无足赤"，每个人都有自己的长处和短处。二是在平时的学习和生活中，多与成功的人和自信的人接触，你会发现和他们接触时间长了，自己也朝着他们的方向去努力。三是要经常做自我心理暗示，对自己进行正面心理强化。敢于在学校公开场合演讲，比如多参加班上的讨论，多参加学校举办的演讲活动等。四是重视平时穿着打扮和自我形象。虽然说人不可貌相，但是形象的塑造会在一定程度上影响一个人的自信心。五是要学会微笑和感恩。一个经常对任何人都保持微笑的人，表明他心胸宽广，为人处世大方，这是一种自信的表现。

2. 决策果断

决策能力是一个企业是否持续发展的最关键一步，也是一个人是否成功的关键，决策是一刹那的成功与失败。所以，如果想成为一个成功的创业者，必须时刻注意培养自己的决策能力。大学期间，在处理一些同学之间的事情上不要斤斤计较，处理学习和生活上的问题时应从容果断。特别是在选择今后的职业时，自己要做一个果断的决策，如果选择了继续深造学习，那就应该放下一切，努力学习备考；如果今后直接应聘就业，就应积极准备应聘材料；如果选择创业，就更应该尽早做好创业前的准备工作。学习期间，看似一些琐事的决策，或许会成为以后创业中的决策基础。因此，日常要敢于承诺，一旦承诺了的事情应该尽最大努力办到。大学期间是否养成良好的决策能力，一定层面来讲，可以作为创业者在以后的创业中能否具有领导力的重要衡量标准。

3. 敢于合理冒险

我们没做一件事情，都不能完全准确地预测我们是成功还是失败。成功与失败都不是单纯因为某一个因素导致的，它是多种因素共同影响产生的。创业本身具有很大的风险性，我们经常说创业也是一种风险投资行为。作为大学生选择创业，由于缺乏一定的社会经验和阅历，缺乏雄厚的经济基础，难免在创业的道路上出现一些困难。有的企业可能因为那么一次风险的发生，就导致全盘皆输。因此，大学生创业要有承担风险的勇气，做好应对各种困难的思想准备。市场有风险，但是市场不会主动告诉我们风险在哪里。在校学习期间，可以利用业余时间多参加户外的拓展训练活动，增强自己的冒险精神和勇于面对困难和挑战的意志。积极参与班级的日常管理，特别是一些不好处理的事情，自己可以主动请求给老师和班委做参谋，出谋划策，使自己成为一个敢于主动承担、解决问题的人。

4. 具备责任意识

很多知名企业都会把"责任"二字作为自己的企业文化核心，因此一个没有责任感的企业就无法做到为社会服务，就会出现牺牲社会利益来实现企业效益最大化的问题。一个企业的责任感来自于企业的领导者、创业者。一个有使命感和责任感的创业者，一定可以使自己的企业越办越大，并受到社会的欢迎和支持。

大学期间，通常的理解，责任就是认真学好自己的专业知识，毕业后报答父母和社会。但是"责任"二字要真正做到承担，做到心中无愧却很难。因此，从进入大学起，就应该从以下方面培养自己的责任意识：学习的责任意识、报答父母的责任意识、爱学校的责任意识、尊重师长的责任意识、团结同学的责任意识。有责任感是当代大学生应该具备的基本素质，也是使有创业想法的大学生今后成为一名具有社会责任感的企业家的行为准则。

（三）知识准备

大学生如果打算今后自主创业，那么专业知识的复合就显得尤为重要。这要求创业者自己要懂得企业方方面面的管理知识。从创业企业的前期市场调研和原材料采购，到中期的生产管理，到后期的产品销售和售后服务等环节，都要求创业者把握和了解企业经营循环过程中的各环节管理知识。这就对高校有创业想法的大学生在日常校园的学习过程中提出了更高的专业知识要求。即便不能做到学习得面面俱到，也要做到"博览群书"。在平时的学习过程中，既要学好自己的专业知识，同时还要利用业余时间多了解一些企业管理方面的知识，多参加一些有关创业方面的培训学习，多阅读一些成功企业的管理模式，多利用假期参加一些企业的社会实践活动。大学期间要提前储备的创业知识有管理知识、营销知识和财务知识等。

1. 管理知识

企业要想建立现代企业制度，必须形成一种管理机制，要使其在一个规范管理系统中运转。企业管理体系的建立，可以让企业高效率运转，从而更好地为社会服务。管理知识的学习可以从战略、领导力、市场营销、人力资源、创新等方面入手，并要把学习的知识不断运用到企业的实践中去。一个管理有序的企业应该先保证企业"做正确的事"，然后才是努力地"把事做正确"。创业阶段可能需要靠创业者的眼光和勇气来排除万难，积极投身于创业，而一旦企业进入了正式的营业状态和成长期后，就需要管理者具有一定的管理能力，而这种管理能力来源于创业者的知识储备。很多企业昙花一现，究其原因，基本都在管理方面出了问题。

作为在校大学生，除了学习本专业知识以外，应该多学习一下管理学知识，即使以后不创业，管理也是和我们日常生活密切相关的。学生群体，小到班级的集体管理，大到学生会或一个系科的管理，这都需要一种管理方式和方法。我们不妨在进入大学后，积极竞选班委会，参加各类学生会和社团组织，有机会可以从事学生助理工作，这些活动都可以让自己得到锻炼，明白各个组织和不同层面上的管理知识。

2. 营销知识

市场营销的最终目的是说服自己的顾客，创造购买需求。不能满足顾客需求的企业就不能促成交换，企业将无法循环经营和运转。营销知识是今后创业过程中经常要用到的知识之一，这需要我们在创业前认真去学习和运用。

在校大学生可能在日常的学习过程中不会过多地接触营销知识，但是我们可以通过以下方式进行学习。第一就是多去图书馆阅读有关营销案例知识的书籍，这些成功企业的营销案例具有很强的实际应用性；第二就是可以选择性地去听一些管理专业的营销课程，大学的教室是开放式的，有心的学生可能会发现，只要你精力充沛，除了学好自己的专业知识以外，还可以利用业余时间到其他专业班级听课；第三就是多参加校内外的促销活动，虽然促销不过是营销的一个方面，但是促销活动可以让自己明白谁是自己的顾客，顾客需要什么，怎样满足顾客的要求，这些其实就是在培养自己以顾客为中心的营销意识；第四就是利用寒暑假到一些企业从事兼职营销工作，参与企业市场调研、产品渠道开发、公关促销、售后服务等一系列活动。通过这些，让自己在创业前不断积累营销知识。

3. 财务知识

创业需要创业者具备一定的财务管理知识，如：启动资金需求的预算、成本与利润计划、现金流量计划等。不少准备创业的在校大学生比较缺乏财务管理知识，导致的结果是启动资金预算不准确，成本核算不全面，企业账目混乱。如果一个企业的账务不清晰，现金流出现短缺，企业一夜之间就可能关门停业。因此，我们必须要预先

了解和学习一些基本的财务知识，建议大学生多参加财务管理知识的相关培训，

（四） 能力准备

能力是指人们顺利完成某件事所具有的资源整合体。企业经营管理能力属于专业能力，需要日常不断地学习和积累，大学生如果想在创业方面取得一定的成功，至少需要具备五大专业能力：开拓能力、学习能力、领导能力、协作能力和创新能力。

1. 开拓能力

我们知道，人的动机是由不同性质的需要组成的，各种需要有层次和顺序之分，每个层次决定人的价值取向。如有一个金字塔形状，由上到下分别是：生理需要、安全需要、归属和爱的需要、尊重的需要和自我实现的需要。当低层次的需要达到满足时，就会往更高一层的需要倾斜和发展，如果这种更高层次的需要达不到满足的话，追求者就容易产生消极影响和不安心理，当然，越高层次的需要追求起来也就越难。

创业就需要有这种永不满足的需求精神，有积极开拓进取的精神和能力。强烈的进取心既是创业能力、经营能力形成的基础，也是现代企业家综合素质构成的基本要素。大学生在学校期间应该不断培养自我开拓能力，在学习上要有勇于拼搏的精神，可以通过自己的努力学习争取学校设置的各项奖学金，积极参加各种竞赛活动，要为自己树立远大的目标和理想，这些看似基本的开拓学习都会对将来事业的拓展有着重要影响作用。

2. 学习能力

学习型人才是当今社会的主流群体，随着社会的进步，知识更新速度不断加快。在这样一个日新月异的时代，创业中要想把工作做好，就必须有好学与善学的精神。学习不是死读书，而是要跟得上时代的潮流，跟得上经济发展变化。既要见贤思齐，又要注重吸取经验教训。

在学校学习期间，要勤于思考问题，勤于动手操作，要时刻关注有关创业扶持政策，特别是关注学校就业指导部门对大学生创业给予的政策解读，及早为今后的创业积累参考依据。

3. 领导能力

创业者作为事业起步的"领头羊"，要具备一定的领导才能和人格魅力。一个出色的企业创业团队的产生是因为有一位出色的领导者。创业者本身就具有一种感召力、组织力和吸引力，通过这几种力量的融合，能够使自己的队伍努力为企业奋斗与付出。

领导力来源于六个方面：行业知识、人际关系、信誉、技能、价值观和进取精神。在校大学生应该注重对大学学习生活的认识，大学不等同于中学，界定一个学生是否优秀不止单一地看学习成绩或分数，而是更加强调学生的综合素质能力，一个优秀的

大学毕业生是学习和社会实践两个方面的优秀组合体。那么，除了平时认真学好专业知识以外，还应该参加学校组织的社会实践活动，如学生会组织、社团组织、大型比赛活动、班委会组织等，这些都可以锻炼自己的领导能力。

4. 协作能力

创业是富有挑战性和压力性的工作，仅靠一个人单枪匹马很难，需要有一个出色的团队来支撑。因此，大学生创业可以联络几个有着共同理想和追求的同学，形成合力，共同面对挑战。让团队的每个人优势互补，形成创业的最大合力。"团结就是力量"，协作能力是每个创业者应该具备的能力之一。

5. 创新能力

创新是保持企业可持续发展的源泉之一。创业者只有时刻保持着创新的创业理念才能使自己的企业在市场竞争中占有一席之地。一个具有创新性的企业也是有着旺盛生命力的企业，如果一个企业在日益复杂、变幻莫测的市场经济条件下，不思进取，不求同存异，不努力创新，迟早会被市场淘汰。大学生创业，应该选择一些符合市场潮流、标新立异的创业项目，在创业管理模式和产品品牌策划方面也应该有较强的"差异化"竞争策略，既不能脱离现实，过于空洞，也不能照搬俗套，步人后尘。要走出一条具有当代大学生自主创业特色的发展之路。

二、大学生创业的风险

大学生创业者要认真分析自己创业过程中可能会遇到哪些风险，这些风险中哪些是可以控制的，哪些是不可控制的，哪些是需要极力避免的，哪些是致命的或不可管理的。一旦这些风险出现，你应该如何应对和化解。特别需要注意的是，一定要明白最大的风险是什么，最大的损失可能有多少，自己是否有能力承担并渡过难关。

大学生创业的风险主要有以下几个方面。

（一）盲目选择项目

大学生创业时如果缺乏前期市场调研和论证，只是凭自己的兴趣和想象来决定投资方向，甚至仅凭一时心血来潮做决定，一定会碰得头破血流。大学生创业者在创业初期一定要做好市场调研，在了解市场的基础上创业。一般来说，大学生创业者资金实力较弱，选择启动资金不多、人手配备要求不高的项目，从小本经营做起比较适宜。

（二）缺乏创业技能

很多大学生创业者眼高手低，当创业计划转变为实际操作时，才发现自己根本不具备解决问题的能力，这样的创业无异于纸上谈兵。一方面，大学生应去企业工作或实习，积累相关的管理和营销经验；另一方面，积极参加创业培训，积累创业知识，接受专业指导，提高创业成功率。

（三）资金紧缺风险

资金风险在创业初期会一直伴随在创业者的左右。是否有足够的资金创办企业是创业者遇到的第一个问题。企业创办起来后，就必须考虑是否有足够的资金支持企业的日常运作。对于初创企业来说，如果连续几个月入不敷出或者因为其他原因导致企业的现金流中断，都会给企业带来极大的威胁。相当多的企业会在创办初期因资金紧缺而严重影响业务的拓展，甚至错失商机而不得不关门大吉。

（四）管理能力不足

一些大学生创业者虽然技术出类拔萃，但理财、营销、沟通、管理方面的能力普遍不足。要想创业成功，大学生创业者必须技术、经营两手抓，可从合伙创业、家庭创业或从虚拟店铺开始，锻炼创业能力，也可以聘用职业经理人负责企业的日常运作。很多大学生创业失败者，基本上都是管理方面出了问题，其中包括决策随意、信息不通、理念不清、患得患失、用人不当、忽视创新、急功近利、盲目跟风、意志薄弱等。特别是大学生知识单一、经验不足、资金实力和心理素质明显不足，更会增加在管理上的风险。

（五）竞争实力不足

寻找蓝海是创业的良好开端，但并非所有的新创企业都能找到蓝海。更何况，蓝海也只是暂时的，所以，竞争是必然的。如何面对竞争是每个企业都要随时考虑的事，而对新创企业更是如此。如果创业者选择的行业是一个竞争非常激烈的领域，对于大企业来说，由于规模效益大或实力雄厚，短时间的降价并不会对它造成致命的伤害，而对初创企业则可能意味着彻底毁灭的危险。因此，考虑好如何应对来自同行的竞争是创业企业生存的必要准备。

（六）团队意见分歧

现代企业越来越重视团队的力量。创业企业在诞生或成长过程中最主要的力量来源一般都是创业团队，一个优秀的创业团队能使创业企业迅速地发展起来。但与此同时，风险也蕴含在其中，团队的力量越大，产生的风险也就越大。一旦创业团队的核心成员在某些问题上产生分歧不能达到统一时，极有可能会对企业造成强烈的冲击。事实上，做好团队的协作并非易事。特别是与股权、利益相关联时，很多初创时很好的伙伴都会闹得不欢而散。

（七）缺乏核心竞争力

对于具有长远发展目标的创业者来说，他们的目标是不断地发展壮大企业，因此，企业是否具有自己的核心竞争力就是最主要的风险。一个依赖别人的产品或市场来运营的企业是永远不会成长为优秀企业的。核心竞争力在创业之初可能不是最重要的问题，但要谋求长远的发展，它就是最不可忽视的问题。没有核心竞争力的企业终究会被淘汰出局。

（八）人力资源流失

一些研发、生产或经营性企业需要面向市场，大量的高素质专业人才或业务队伍是这类企业成长的重要基础。防止专业人才及业务骨干流失应当是创业者需时刻注意的问题，在那些依靠某种技术或专利创业的企业中，拥有或掌握这一关键技术的业务骨干的流失是创业失败的最主要风险源。

（九）意识不够成熟

意识上的风险是创业团队最内在的风险。这种风险来自于无形，却有强大的毁灭力。风险性较大的意识有：投机的心态、侥幸心理、试试看的心态、过分依赖他人、回本的心理等。

第三节　创新创业计划与指导

一、大学生创业计划确定

（一）创业计划书

创业计划书是创业者所写的商业文件中最基础的一个。那么，如何编写出一份好的创业计划书呢？创业者应做到以下几点。

1. 市场调研

创业计划书要给投资者提供企业对目标市场的深入分析和理解。要细致分析经济、地理、职业以及心理等因素对消费者选择购买本企业产品这一行为的影响，以及各个因素所起的作用。创业计划书中还应包括一个主要的营销计划，计划中应列出本企业打算开展广告、促销以及公共关系活动的地区，明确每一项活动的预算和收益。创业计划书中还应简述企业的销售策略。

2. 产品细节

在创业计划书中，应提供所有与企业的产品或服务有关的细节，包括企业所实施的所有调查。这些问题包括：产品的市场前景如何，它的独特性怎样，企业分销产品的方法是什么，产品的生产成本是多少，售价是多少，企业发展新的现代化产品的计划是什么等。在创业计划书中，创业者应尽量用简单的词语来描述每件事，产品及其属性的定义对创业者来说是非常明确的，但其他人却不一定清楚它们的含义。

3. 行动计划

企业的行动计划应该是无懈可击的。创业计划书中应该明确下列问题：企业如何把产品推向市场，如何设计生产线，如何组织产品结构，企业生产需要哪些原料，企业拥有哪些生产资源，还需要什么生产资源，生产和设备的成本是多少，企业是买设备还是租设备等。解释与产品组装、储存以及发送有关的固定成本和变动成本的情况。

4. 竞争分析

在创业计划书中，创业者应细致分析竞争对手的情况。要明确每个竞争者的销售额、毛利润、收入以及市场份额，然后再讨论本企业相对于每个竞争者所具有的竞争优势，而且要向投资者展示自身的优势。创业计划书要使它的读者相信，本企业不仅是行业中的有力竞争者，而且将来还有可能是确定行业标准的领先者。在创业计划书中，创业者还应阐明竞争者给本企业带来的风险以及本企业所采取的对策。

（二）投资计划书

创业之前需要确定自己的创业投资企划书，创业投资计划书主要包括以下部分。

1. 创业内容

创业内容包括创办企业的名称、规模大小、营业项目和主要产品名称等，即所创企业为何。先定出所创办企业的规模及营业内容，这是创业评估的基础。

2. 信息分析

信息分析是指对创业相关环境进行分析，除了掌握相关规定之外，要了解潜在客户在哪里、竞争对手是谁、切入的角度或竞争手法为何，以及行业服务或产品的市场价格多少、一般的毛利率为何也要有所了解。

3. 资金规划

创业的资金可能包括个人与他人出资金额比例、银行贷款等，这会影响股份与红利分配多寡。资金规划就是对先前所设定规模下需要多少启动资金以及未来一年要准备多少营运资金等做出估算。

4. 经营目标

社会发展快速，在设立经营目标时大多不超过一年。新创事业应参考相同规模行业的月营业额，定出自己的经营目标。

5. 财务预估

财务预估即预估第一年的大概营业收入与支出费用，这些预估数字的主要目的，是让创业者估算出所营事业的每月支出与未来可能利润，预估何时能达到收支平衡，并算出未来的经营利润。

6. 营销策略

营销策略包括了解服务市场或产品市场在哪里，同行业一般使用的销售方式为何，自己的竞争优势在哪里等。营销手法相当多，包括电话拜访、现场拜访、商展、促销活动、网络营销等，创业者应搜集这些营销手法的相关资料。

7. 风险评估

企业在创业的过程中可能遭受挫折，例如竞争对手的消长、股东意见不合、执行业务的危险性等，这些风险可能会导致创业失败，因此风险评估即要列出创业可能碰到的风险以及应对的办法。

二、大学生创业注意事项

（一）积极利用现有资源

不少曾经的在职人员都选择了与工作密切相关的领域创业，工作中积累的经验和资源是最大的创业财富，要善于利用这些资源。对能有助于你生存的项目，要优先进行考虑。大学生要积极利用身边的资源，为社会创造更大的价值。

（二）合作创业的处理

如果你需要合伙人的钱来开办或维持企业，或者这个合伙人帮助你提出企业的构思，或者他有你需要的技巧，或者你需要他为你宣传设计，那么就请他加入你的公司。这虽能让你轻松上阵，但要慎重选择合作伙伴，在请帮手和自己亲自处理上，要有一个平衡点。首先要志同道合，其次要互相信任。

（三）细致准备必不可少

创业是一项庞大的工程，涉及融资、选项、选址、营销等诸多方面，因此在创业前，一定要进行细致的准备。要通过各种渠道增强这方面的基础知识，根据自己的实际情况选择合适的创业项目，为创业开一个好头。撰写一份详细的商业计划书，包括市场机会评估、赢利模式分析、开业危机应对等，并摸清市场情况，知己知彼，打有准备之仗。

（四）谨慎作出决策

决策失误时，不要对失误过于敏感。你的失误会带来直接后果，例如发错货可能会使一个客户立刻与你断绝关系。作为创业者，冒风险时，要谨而慎之。如果出现失误，不要过于敏感，接受事实并从中吸取教训。

第五章 大学生创业者及其团队构建

第一节 大学生创业者素质与能力要求

一、"互联网＋"背景下大学生创业者应具备的素质

投入创业行列中便意味着选择了创业生活方式，这和家庭条件、职业划分、平台支撑以及大环境的变化关联不大。发现自己喜欢做什么、渴望做什么、理想是什么，而后专注地在自己最擅长的领域发光发热，创造和实现自己的价值，就是有梦想、有行动力的创业者，这也是我们重点倡导的创业精神。

（一）强烈的创业欲望

在创业过程中，欲望是强大的推动力。所谓欲望，本质上就是一种目标的制定和人生最终的追求。创业者的欲望是有别于普通人的，他们常常超越现实，并且对现有的状态进行突破，挣脱诸多的局限因素，最终使自己的欲望得以满足和实现。因此，创业者欲望的满足需要扎实的行动力和博大的牺牲精神。

（二）广博的见识和眼界

机遇往往是给有准备的人的，特别是头脑方面的准备，这首先要开拓自己的视野，为赢得机遇做好准备。创业者只有具有广博的学识和开阔的视野，才能够在创业中找到正确的道路，从而走向成功。一个创业者的眼界有多宽，他的事业就有多大。我们对许多创业成功者的相关思路进行了分析，找到三种开阔眼界的方法：

1.阅万卷书

从图书、报纸、杂志等渠道中尽量接收有益的信息。很多人将阅读与茶饭之后的娱乐等同，而阅读对创业者来说就是工作。

2.行万里路

开阔眼界的另一个好方法是各处走走看看。开阔的眼界意味着不但在创业开始就可以有一个通往成功的捷径和规划，在企业危难的时候它甚至可以拯救企业。

3.交友

与朋友们进行头脑风暴，能够不断地产生新思路、新点子。大部分创业者一开始是在朋友的鼓动下才开始创业的，有的甚至是朋友告诉他这样创业能够成功，因此他们长期和朋友保持联系，并努力认识新朋友，扩大自己的社交圈。

（三）善于把握趋势和人情事理

势，就是未来的发展方向。势分大势、中势、小势。大势是指相关政策。顺势而

作，才能顺水行舟。研究政策是为了"明大势"。创业的人一定要研究政策，相关的政策对创业有很大的帮助，推广什么，对什么限制这都是创业的关键所在。选择了政策支持的方向，则成功的概率大大提高。如果选择了不支持甚至是禁止的方向，那么很容易走入歧途。例如，在某些企业中，对相关的政策正在淘汰和限制，这时候没有经验的创业者却选择了这个方向，一定会失败。中势是指市场机会。市场上现在流行什么，人们喜好什么，讨厌什么，可能就映射出了创业的方向。小势就是个人的能力、性格、特长。创业是一项折磨人的活动，因此创业者在选择创业项目时，一定要找那些契合自己的资源，从而可以发挥自己特长的项目。这样才有利于做长期无怨无悔的投入和无时无刻不受罪的心理准备。

人情事理是创业者要懂的基本功。创业是一种在诸多不利因素中成长的历程，特别是在社会的转型阶段，相关的制度和法律都有不完善的地方，人情关系还是十分重要的，创业者只有懂人情才能避免在人事和公关上出问题。创业者要识时务，跟对政策，除具备商业方面的知识外，还要在为人处世方面具有很高的素质。这些都是作为创业者必备的基本素养。

（四） 良好的商业嗅觉

具有敏锐的商业嗅觉，这是创业成功的根本。创业者面对环境和商业的变化需要快速做出决策。许多创业表面上是很偶然的，但是都来源于敏锐的商业嗅觉。

敏锐的商业嗅觉有的是天生的，但是更多的是通过后天的努力和学习获得的。要想加入创业的大军中，就需要像猎犬一样具有敏锐的商业嗅觉，并将这种嗅觉运用在竞争环境中。

（五） 丰富的人脉资源

每一个人创业，都必然有其依赖的条件，毕竟创业不是引无源之水来栽无本之木，这句话的意思是其要拥有能创业的资源。创业者的相关能力和素养的评估可以从其建立相关资源的能力方面进行评估和判断。创业资源有内部资源和外部资源之分。创业者的能力、所具有的优势、技术等都属于内部资源。而外部资源是对资源的一种管理和重新获得，即创业者对其社会关系和人际关系的网络进行梳理的能力。创业者如果没办法在极短的时间内将自己的人际关系网络建立起来，那么他的创业道路将多出很多障碍。虽然在开始依照自身的资源和优势能够获得一席之地，或者凭借自身的精神和品质能够获得小部分的成功，但是对于事业的发展没有实质性的帮助。

创业者素质的第一要素是人际资源。在所有的资源中，同学资源是首要资源，是最珍贵和最重要的外部资源。这里所指的同学资源不仅包括少年、大学等时代的同学，而且还包括社会上参加的研修班等的同学。很多创业成功的企业家都受到过同学的帮助，也有很多同学就是合伙人。同学之间的情感是一种很密切的情感，很少有利益上的往来和竞争，所以是一种很可靠的友谊资源，具有很高的纯洁度。

其次是职业资源。职业资源是指创业者在之前所从事的行业中积累的各种资源，主要有人际关系和项目资源等。创业者的职业资源对创业有最直接的帮助作用，充分利用职业资源创业，正切合创业活动"不熟不做"的原则。选择从职业资源入手进行创业，大部分人还是觉得"竞业避止"法则是需要遵守的，已经成为许多人创业成功的捷径和法宝。

（六）智勇的谋略

智勇的谋略是指创业者的思维方式和处理问题的态度，以及解决问题的最终方案，在创业者的每次活动中是需要被体现的。商业和战争一样，需要策略制胜，否则有勇无谋的人最终只会失败。创业需要良好的体力支撑，更需要强大的脑力劳动。创业者的相关谋略是创业成功的最关键因素。在当前的市场环境中，竞争异常激烈，产品的同质化现象越来越严重，因此创业者的谋略显得特别重要，好的谋略能够帮助创业者取得巨大的成功。站在创业者的角度来看，智慧是没有等级和好坏之分的，只有"能不能用"和"好不好用"的区别，创业的智慧需要独树一帜，才能够成为制胜的法宝，才能把事情做好。

（七）勇敢的胆量

创业本来就是需要强大心理承受能力的一项风险活动。冒险精神是创业精神的一个重要组成部分，创业需要胆量，需要冒险，要有敢下注的胆量，想赢也敢输，但创业毕竟不是赌博。鼓励创业者要具有冒险精神并不是鼓励他们冒进。冒险精神是一种需要经过努力才能获得的品质。创业者要清楚冒险精神和冒进、勇敢和无知之间的区别，无知的冒进只会带来严重的后果，并不能促进创业的成功，这种行为也是一种无用的行为。现在很多专家分析大企业成功的诸多原因有：事情的本质是很简单的，最关键的是产品符合市场的需求，并且在具有冒险精神的创业者的带领下，结合相关的营销手段，就成就了一桩成功的创业案例。

（八）乐于分享经验

创业者要懂得与他人分享。在创业者眼中，分享是明智的行为，并不是慷慨的表现。如果创业者不善于分享或者不善于与别人分享创业的成果，那么他会有很多局限性。用马斯洛需求层次理论在企业层面解释，即如果老板舍得利益，甘愿和员工分享成果，那么员工就会得到生理、安全、被尊重等方面的满足。员工在需求得到满足后就会对老板怀有感激之情，并且会珍惜所拥有的一切，自然会不断努力完成"自我实现的需求"，从而更努力工作，产生更大的价值，做出更大的贡献以回报老板。这样就构成了一个企业正向、良性的循环。对创业者来说，分享不仅限于企业或团队内部，而且对外部的分享有时候也同样重要。

（九）善于自我反省

创业者取得成功的重要共同点是他们都善于学习和自我反省。创业者经常会遇到各种问题和挫折，创业本身也是一个不断探索的过程，创业者会不断尝试各种方法解决问题。在这种情况下，自我反省显得尤为重要，它能够帮助创业者渡过难关。自我反省也是一种自我学习的能力，是对错误的认识及改正，是经验的积累。从创业者的角度来讲，这是一个很好的学习过程，如果缺乏自我反省的能力，没有自我反省的精神，那么创业者就意识不到错误，不能从错误中学习和改进，更不能让事业发展得更好。因此，创业者都要时时刻刻警醒并反省自己。

二、"互联网＋"背景下大学生创业者应具备的能力

（一）社交能力

为了凸显社交能力的重要性，这里把社交能力列为创业者六大必备能力的第一位。总的来说，互联网行业就是一个小圈子，人脉在互联网人的职业生涯中会贯穿始终，创业要成功，广交人脉几乎是必需的。作为一个创业者，寻找人才需要人介绍，谈业务需要人介绍，融资更需要人介绍。懂社交是一种硬实力，更是一种软实力。

（二）接受能力

互联网行业变化无穷，是一个随时发生变化的行业。若要在互联网行业中获得稳定的生存空间，则需要具备学习新知识和新技术的能力，并且具有敏锐的嗅觉和强烈的好奇心。看到具有发展前景的产品，要对其进行相关的分析和研究，并对其回报率进行预估。因此，在"互联网＋"背景下进行创业，需要不断接受新的事物，不断适应新的变化。在互联网转变过程中，每一次转变都会带来一部分工作的突破和成功。

（三）学习能力

学习能力是安身立命的技能。互联网行业是一个跨界和融合的行业，对一个人的综合能力要求非常高，复合型人才是最容易成长的，在创业过程中也是最容易成功的。作为一个互联网创业者，除专业能力外，有时候还需要具备多种能力，尤其是需要有跨界的思维。例如，如果创业者之前从事程序员工作，那么就要提升自身的营销知识；如果创业者之前从事市场营销工作，那么就要提升自身的技术开发知识；如果创业者之前从事产品行业，那么就要提升自身的技术和市场营销方面的知识。这些都是很重要的。即使学不会也不要紧，还可以通过互联网在网上进行学习，学习方式已经很方便了。

（四）专注力

做自己感兴趣的事情是走向成功的必备条件。之前所说的学习能力是和兴趣挂钩的，没有兴趣，人是不愿意去学习新东西的。现在有很多创业者会从新媒体创业开始，

通过相关的文章分享来表达自己的想法和思路，并对自己的创业历程进行详细的记录，同时和网友们交流各自的心得体会，并展开详谈。对这些人来说，无不是认为写文章能够让自己产生成就感，也可以说是做了自己感兴趣的事情。

（五）时刻充沛的精力

互联网行业就是一个体力和脑力都要有巨大消耗的行业。成功的互联网人，通常都具有非常充沛的精力。互联网的从业者需要具备勤奋精神。他们需要早出晚归，经常加班。所有的互联网创业者必需有充沛的精力和饱满的状态，才能够应对各种变化带来的问题，从而获得长久稳定的发展。

（六）健康的体魄

既然提到充沛的精力，就不能不说到健康。如果不能保证自己具有顽强的生命力，那一切奋斗都将是白费。这跟行业无关，对每个人来说，健康的体魄是必需的，也是最为关键的。

第二节 大学生创业团队的构建

一、创业团队内涵解析

创业团队是指几个具有互补性质的创业者组成的团队。团队的成员拥有同一个创业理念，并且在创业过程中对产生的利益均沾、风险共担。整个团队在创业活动的过程中是一个不可分割的共同体。

（一）创业团队的优势

组建创业团队能够获取更多有用的信息和资源。创业者除了对信息进行收集和处理外，还要对信息进行全面的分析。这样有助于创业者实现目标，创业成功率也随之提升。在一个发展较为成熟的创业团队中，创业团队成员有着不同的专业背景、学科背景、工作背景，他们在信息收集时自然会有不同的重点。团队的信息汇总也是一个很重要的工作，并且需要具有全面性。

组建创业团队能够发挥集体的思维优势，并由所有人共同承担创业风险，同时，由于创业过程中受到多重因素的影响，因此创业活动也需要有多维度的创业资源的支持，团队成员之间的互补性会使得这个创业团队能够积极有效地获得来自不同渠道的创业资源的支持，并以此来提高创业团队的绩效，提高创业团队的水平。在创业中，机遇和风险是一样多的。由于外部环境具有很多不确定性因素，因此准确识别创业机会和创业者本身所具备的素质等，都会对创业的风险性产生影响。想要避免或减少这些风险，尽可能地实现创业所设定的目标，在创业之前就要对创业的方向进行谨慎的选择。创业团队在成立之前，所有的成员是具有不同背景和个性的个人，拥有各自的优势，能够为团队的资金、经验或者技术等提供支持，因此创业风险相对是比较小的，能够很好地应对出现的诸多问题，并且能够取得良好的团队收益。

组建创业团队能够规避个人决策带来的一系列问题。创业中，所有的决策都需要团队成员参与讨论，所有成员的意见和建议都需要被考虑在内。这种决策方式具有群策群力的优势，能够很好地应对许多突发状况。和个人单独判断相比，这种决策方式具有较高的质量，同时，采用这种决策方式所制定的策略也是经过团队中最有决策权力的人认可的。这对整个团队的执行力能够起到提升作用。

（二）创业团队的类型划分

根据不同的创业结构类型和创业结构层次，可以将创业团队划分为不同的类型。目前学界普遍认同的观点是依据创业团队的组成者将创业团队划分为星状创业团队、网状创业团队和虚拟星状创业团队。

1. 星状创业团队

星状创业团队也被称作是核心主导型创业团队。在这种创业团队中往往都有一个核心人物，通常是团队的领导者或者领队。在团队组建的初期，创业团队的核心人物已经具备成熟的创业思维和想法，能够结合自身的相关经验和资源为创业进行团队组建，并且能够促进创业活动的推进。换句话说，在创业团队组建之前，核心人物已经对创业团队的人员有了进一步的了解和想法，他会根据创业的需求来邀请相关的人员加入创业团队。星状创业团队主要有以下特点。

①团队具有很强的向心力。团队成员都会受到核心人物的影响，并响应他的号召。

②团队具有紧密的结构和稳定性。在决策中，采用的是简单的程序，整个团队的组织效率比较高，但是这种情况下也会有类似个人决策的现象出现，因此也可能会加大团队的创业风险。

③当团队内部有矛盾产生时，核心人物的特权发挥作用，其他成员便会处于被动状态。这样会导致团队成员有离开的想法，容易造成队员流失，这对团队的长远发展是没有好处的。

2. 网状创业团队

网状创业团队也被称作群体型创业团队，网状创业团队的成员一般都是来自熟悉的群体，如同学、亲戚和朋友等。通常他们有相同的爱好和兴趣，并且有相似的背景和经历。创业团队成员在相互交往的过程中产生了共同创业的一致观点，这些都有利于创业团队开展创业活动，能够为达成创业目标提供动力。在团队中，没有核心人物，团队成员之间根据自身的专长分配角色和分工。网状创业团队主要有四个特点：①团队成员之间具有亲密的关系和平等的地位，没有具有特权的核心领袖。②在进行决策时，采用的是集体决策方式，由于所有的成员有相同的创业想法，因此在决策中很容易达成共识，沟通和交流也很方便。③这种团队的组织结构不严谨，团队发展的过程中会出现多个领导人物的现象。④当团队内部发生矛盾时可以通过协商的方式进行解决，但是，当这种矛盾升级时，很难得到解决，团队成员就会撤离，容易造成整个组织架构的涣散。

3. 虚拟星状创业团队

虚拟星状创业团队的结构，是一种由星状创业团队进行创新而得到的类型，也可以说结合了两种创业类型，是处于中间状态的一种新型形态。虚拟星状创业团队和星状创业团队类似，具有核心领袖，但是和星状创业团队的核心成员相比，虚拟星状创业团队核心成员的身份是创业团队成员共同协商决定的，而非自动形成的。这个核心领袖是整个团队的带头人，但并不具备主导作用。在团队的运行过程中，所有成员的意见和想法都需要被考虑，核心成员的权威性具有保障性，与星状创业团队的核心人物相比，具有更高的权威性。

（三）高绩效创业团队的主要特征

高绩效的创业团队是创业成功的重要保障，但是从创业经验中发现，高绩效的创业团队的组建很不容易。它不只是一群有技术、有学历的人简单组合而成。一个优秀的个体并不能保证能够组成一个优秀的团队。事实证明，高绩效创业团队的组建要具备以下几个方面。

（1）创新性。具备创新性特点由创业活动所决定，因为创业活动需要创新性来维持。创业活动不仅需要先进的技术、新市场和新产品的支持，还需要通过新的手段来完成，因此团队成员也需要具备创新理念，并且具有一定的超前意识。

（2）共同的创业目标和相互信任。在团队中，要保障高绩效就需要每个团队成员有高度一致的目标，在此基础上促进信任关系的养成，团队成员之间的信任关系是帮助营造高效率工作的重要保障。如果在团队刚成立的时候团队成员的目标就不一致、没有信任关系，那么在团队的发展过程中，会因为很多的利益问题或者权利分配问题而产生矛盾和冲突，这些矛盾和冲突如果被激化，就会具有破坏性，对团队造成损害。

（3）紧密协作。和普通团队相比，高绩效的创业团队具有团队成员之间合作密切、配合默契的特点，通过密切合作能够提高整个团队的工作效率。在组建创业团队之初，高效性就被考虑在内，而且团队的领导能力、公关能力、财务管理能力和营销能力等都需要考虑在内。团队成员的能力要能够互相补充，并且能够实现有效的沟通和迅速的反馈。在开展工作的时候，所有的成员都要通过团队协作和团队精神共同完成任务，并且向着更高的标准努力。

（4）团队成员之间要有较强的凝聚力和强烈的归属感。团队是否具备凝聚力和归属感对所有成员的工作态度会有很大的影响，成员的行为、积极性、绩效等也会受到影响。具有较强凝聚力的创业团队各个成员之间的合作特别默契，营造的是积极向上的气氛，能够发挥整个团队的创造力。同时，凝聚力能够给团队成员带来强大的归属感，成员会更加用心投入到团队的工作中，真正为团队贡献自己的一份力量。

（5）团队成员之间的平等性。通常情况下，高绩效创业团队在所有成员中都讲求平等。这种平等并不是权责或者股权方面的平等，而是一种以公正为前提的平等性。如果非要讲求绝对平等，那么是不利于团队发展的。团队的建立和相关的能力分配、贡献值等都和相关的奖励和报酬制度相关。这些都是调动整个团队积极工作的重要因素。

二、创业团队的组建过程

组建创业团队是一个很复杂的过程。由于按照不同的创业活动，组建的团队也各不相同，因此组建创业团队的过程也会出现差异化。但是创业团队的组建，还是具有以下通用的共性。

（一）创业团队组建的前提

1. 成员共同的创业理念

成员共同的创业理念是创业团队能够组建成功的第一要素，也就是所有的成员都具有共同的创业理念，拥有共同的价值观。这是决定整个团队的目标、行为准则、执行标准的重要因素，也是决定团队成员工作方式的指导思想。在共同的价值观和创业理念的前提下，团队成员会朝着同一个目标去奋斗，这有利于创业活动的发展和进步，特别是当创业过程中遇到各种不可控的突发问题干扰的时候，这个目标能够凝聚所有的团队成员，将他们紧紧团结在一起，共渡难关，为团队创造价值。与此同时，相同的创业理念能够给团队带来无穷的凝聚力，将所有成员的目标整合，使成员以团队的利益为重，并不计较个人得失和短期利益的回报等。

2. 成员之间的互补性

成员之间的互补性主要是指团队成员之间在能力、性格、学习背景和工作经验等方面的互补。创业者在组建团队时，会充分考虑所有成员的优劣势，并按照互补的原则进行搭配，以弥补成员之间的不足。其实，所有的团队成员并非是全能型的人才，各自都会有自身的劣势和缺点，这就需要团队成员之间进行互补。

3. 成员之间的相互信任

成员之间的相互信任是组建创业团队需要考虑的基础问题。如果没有信任，那么团队就没办法组成，成员之间就没办法共事，更没办法实现共同的目标。团队成员之间的信任主要包括人品的信任、个性的尊重、工作能力的认可和工作态度的一致性。只有在这种信任的环境中，团队成员才能够合作默契、共事愉快，团队的发展也才能具有稳定性和长久性，团队的优势才能够被发挥出来，为整个团队服务。从一些失败的创业团队中我们已经知道，团队成员之间的不信任会影响整个团队的运行和管理，如果这种信任没有形成或者被破坏，那么是很难再建立起来的。

4.具有相对完善的管理制度

在组建团队的时候需要将权利、义务和利益分配进行详细的说明，做到责任、权利、利益统一分配。要想达到这个目标，就需要在团队建立之初严格按照相关的管理制度进行管理。这种管理制度需要具有公平性、公正性、可操作性和前瞻性，并且能够保障整个团队的稳定。在创业开始的时候，团队的分工就要明确，团队成员都要清楚自己的责任和义务。在职责分明的情况下，才能够保证所有成员之间的关系稳定，并且保障所有成员的利益不受损害。刚开始创业时，由于资金有限，团队需要建立合理并且被大家认可的报酬制度，要保障所有成员的付出得到合理的报酬，并且所有成员的既得利益不受损害。

（二）创业团队组建的主要程序

由于创业活动不同，创业团队组建的主要程序也各有不同，但是在这些不同之中它们还是具有共同性的。笔者将组建创业团队的程序概括如下。

（1）创业目标要明确。创业活动是建立在创业目标的前提下开展工作的。还未组建团队的时候就应该对创业目标进行明确，这是创业的基石。创业目标是创业者寻找创业团队成员的重要依据，是所有创业计划实施的根本。创业者需要经过多种接触和评估，找到自己创业的总目标，并根据这个目标来进行相关成员的招募和相关工作的推进。

（2）将创业计划做成文本。拥有了明确的创业目标之后，就要按照这个目标制定相关的创业计划，通常包括总计划和分计划，最好能够形成文档。创业者在制定相关的计划时要结合自身的优势、资源和未来的发展方向进行。如果创业计划比较完善，那么会对合伙人具有很大的吸引力，则能够帮助创业者更快地找到合适的人加入团队中。另外，在进行相关年计划的制定时，还要特别注意制定不同阶段的分目标以及制定实现这些分目标所需要的阶段性计划。

（3）找到符合团队需求的成员。具有明确的创业目标和完善的创业计划之后，创业者根据这两项进行相关成员的招募并组建自己的创业团队。创业者可以通过自己的人际关系网络进行成员的招募，这样能够找到关系良好的、可靠的、具有优势互补的成员。与此同时，在对成员选择的时候要特别重视思想素质，要从其教育、工作、生活等方面进行第一轮的选择，最重要的是要清楚其个人的道德品质，并对成员的坦诚度和忠诚度进行考核。如果创业团队成员的组成合理，那么创业团队获得成功的概率会有所增加。

（4）对相关的职权进行明确规定。创业团队需要根据创业计划以及实际创业过程，对所有的成员进行相应的责任和义务的分配，要确定所有成员在团队中的作用和享有的特权。这种职权制度的完善是保障整个团队有序运行的前提，是团队成员奉行的工作标准，并能够根据相关的创业计划完成本职工作。在建立职权制度的时候，需要考虑成员之间的结构性问题，所有的职权都需要具有明确性，但又不能缺乏排他性，这样才能够避免职权空缺或者不公平现象的发生。此外，创业过程是一个动态发展的过程，并且具有复杂性，很多东西都随时会发生变化，职权制度也一样，需要根据环境和团队的变化等因素进行适时的调整。

（5）确立创业团队的相关制度体系。团队中完整的系统是创业得以持续发展的重要前提和有力保障。严格的制度体系是对团队成员行为规范的重要举措，能够促进所有成员尽职尽责。严格的团队制度体系能够为团队在发展过程中出现相关问题和矛盾的时候提供实质性的保障。

这里需要重点说明的是，组建创业团队并不一定要严格按照以上五个程序进行，有很多创业者在组建团队的时候并没有明确的步骤划分，而是要根据创业者自身的经验来慢慢探索创业团队组建的诸多要素。

（三）创业团队组建的注意事项

（1）团队成员的个人特点

团队会受到所有团队成员的影响，主要包括性格、心理和能力三个部分。在选择团队成员的时候，要从其是否具备专业的素养和团队精神等来进行选择。如果团队成员的素质良好，将会有利于整个团队向前发展。相关研究表明：具有创业理想的人，比那些没有创业理想的人更有可能实现团队目标，在面对相关的挫折和问题的时候，也具有更强的承受能力。这些人具有良好的心理素质和很强的心理承受能力，能够将自己全身心投入创业活动中，并且有永不言弃的精神，对团队有凝聚力，不会轻易退出。创业团队成员之间的互补作用也是很重要的，能够促进整个团队的互助协作精神的发挥。

（2）合理的薪酬体系

在创业过程中，利益的分配是一个很现实的问题和大难题，合理的利益分配办法是保障创业团队长久稳定发展的前提。但是，这里所说的对利益合理性分配，并不代表整个团队要按照平均主义进行利益分配。相关的实践表明：绝对的公平是不存在的，完全平均的创业团队也是不可能长久的。在团队利益分配方面要重点关注的是酬劳的分配制度，这种酬劳体系包括基本工资、分红和奖金等，同时，还要将团队成员的个人成长、个人需求的实现等考虑在内，这样才能够提高整个团队的外在吸引力，能够避免成员的离职。在制定相关的酬劳分配制度时，要考虑整个团队中的所有影响因素，以及所有成员的既得利益，要重点关注投入高、回报少的成员的动态，避免其脱离团队。与此同时，这种合理的酬劳体系也能够监督成员的工作态度，能够促进整个团队的高效发展。

（3）创业团队规模的大小

组建创业团队时，对团队的规模要做到心中有数，事实上，很多创业团队在开始组建时都是小规模的。在创业团队中，由于成员都具有各自的思想、观念、见解等，并具有差异性，所以在很多问题的看法上会有差异，从而导致团队决策的意见分歧，很难快速形成统一的意见。这会对团队的沟通成本、沟通时间等形成阻碍，并且会影响整个团队的工作效率，有时候还会出现失误的情况。因此，创业团队的规模在创建之前就要重点关注，创业者要严格控制团队成员的数量，使之趋于合理化。究竟要控制在什么范围内才叫合理呢？这是没有统一标准的。但可以明确的是，创业者在刚创业的时候不应该组建大规模的创业团队，一定要将团队成员人数控制好，可以在创业的过程中不断对成员进行考察，并不断接触更多的人，寻找更加合适的合伙人。这时候的原则就是要将创业团队的人数控制在小规模范围内。

三、创业团队的管理工作

（一）创业团队的管理技巧

组建好创业团队之后就要对整个团队进行高效的管理。在企业中，团队的有效管理是很关键的，这和明确创业目标具有同等重要的作用。有关创业团队管理方面的建议技巧如下。

（1）在进行团队管理的时候，要注重创造价值，对所有团队成员进行统一的价值观引导，为整个团队付出努力并取得相应价值的回报。可以营造积极的创业气氛，鼓励所有的成员在工作中投入高涨的热情，这样能够发挥群策作用，有效地解决问题，能够使相关方案得到执行，能够帮助团队成员明确自己的职责，并尽职尽责为团队目标努力。

（2）在进行团队管理的时候，决策者积极的引导对团队效率的提高具有重要作用。决策者是整个团队的领袖，决策者的能力直接影响团队的稳定性和凝聚力。这是一个团队得以维持和发展的重要灵魂要素。从决策者的角度来看，要将团队中所有的资源进行合理的分配和整合，在整个团队中创造积极向上的创业热情，只有引导团队成员建立起互帮互助和相互信任的氛围，加强团队成员之间的沟通，才能够团结整个团队。进而，要调动所有成员的积极性，并对他们进行相应的激励，这样才能使所有人的创造力发挥出来。决策者还需要具有大局意识，以团队的利益为重，这样才能够做到和团队所有成员共同承担起团队的整体责任。

（3）在对团队管理的时候，团队成员的绩效考核和评估也是很重要的，这是对成员的一种评价和激励。绩效是团队工作结果的评估，是整个团队的目标或者任务在完成过程中所具体体现的方式。团队成员的绩效考核有相关的标准，能够对他们的工作完成度进行相应的评估，为后续的工作监督提供依据，并且能够衡量团队的分工是否合理。同时，绩效考核制度也和薪酬分配有重要关联，能够作为评定成员薪酬的参考依据。

（4）对团队成员的退出制度也要进行完善，并制定相关的标准。在进行团队管理的时候，创业领袖需要将成员的中途或者提前退出的情况考虑在内，要有相应的应对措施和办法。通过成员的退出制度来保障整个团队不受破坏，按时完成相应的目标，有利于团队的长期性和稳定性，避免因为个别成员的离开导致团队的不和谐或者对团队造成不良影响。创业初期，很多创业团队的成员都能够一起吃苦和打拼，对所有的问题也能够携手解决，但是随着团队的发展和壮大，就会出现各种不和谐因素，导致团队成员之间的分散或者不和。这时候团队成员的突然离开就有可能给团队造成很大的损失，甚至解散。

（二）创业团队冲突的有效管理

创业团队发展到一定的阶段就会出现内部矛盾或冲突，这是团队内部的诸多不和谐因素共同作用的结果。一旦出现这种情况，就要尽快解决这种矛盾，否则团队的有效管理会受到影响。当前，一些专家将这种内部的冲突划分为两种类型：认知冲突和情感冲突。对于不同类型的矛盾和特点，在进行团队管理的时候就要采取具有针对性的措施进行预防和解决。

1. 创业团队认知冲突

简而言之，认知冲突是指团队成员中对问题的不同看法和提出不同意见。本质上，这是团队成员的意见方面的不和谐，是对事物认知的不同所导致的，不是针对某个团队成员的一种反对，这在团队的发展中很常见，是团队发展到一定阶段便会出现和必须解决的问题。团队成员在对相关事物或者不同问题提出不同看法的时候，这种冲突就出现了，但是这并不会给团队带来不良影响，相反，这种认知冲突是帮助团队更好发展的一种重要手段，也是帮助团队成员激发创造力的重要方式，对团队的发展有积极作用。

创业者面对这种认知冲突时，如果采取正确的解决办法来解决问题，并且对团队成员共同发现问题、探讨问题和解决问题的能力进行训练，那么就能够激发团队成员之间的创造力和创新思维，帮助团队更好地发展。在认知冲突中所产生和做出决策如果具有很高的接受度和执行力，就能够推动团队朝着更好的方向发展。

2. 创业团队情感冲突

情感冲突也叫关系冲突，是创业团队的成员之间产生的一种对立和抵抗现象，并从情感上发泄。在创业团队的冲突中，情感冲突是相对不利的一种因素。与认知冲突相比，情感冲突极具个人感情色彩，对团队成员的感情具有很大的伤害力，会对整个团队的信任度产生影响。相关研究表明，情感冲突会阻碍团队的发展，影响团队的利益，并会让团队成员产生不满的情绪。

情感冲突是认知冲突的升级。随着团队成员之间一些意见和看法的分歧，认知冲突会不断加剧，并进一步升级为情感冲突。情感冲突是受到团队成员的性格、学历、工作经验不同等多种因素综合形成的结果。在应对相同场景的时候，不同的成员会有不同的反应和不同的观点，如果这种冲突不断升级，那么就会演变成情感冲突。情感冲突对团队成员之间在沟通方面会产生很大的影响，激化各种矛盾，使团队成员产生激动、反抗和紧张的心理状态，对团队成员之间的情感造成破坏，从而破坏整个团队的凝聚力和归属感，阻碍团队目标的实现，并最终导致工作绩效的降低。遇到情感冲突的时候，创业者要加强团队成员的沟通和理解，并利用沟通技巧，对团队成员的不满情绪进行疏导，舒缓他们的心理状态。在对团队进行管理时，创业者还要培养团队成员的团队精神、合作观念和大局意识，营造良好的团队人文环境，并减少不良人际关系对整个团队的不利影响。这样就能够提前预防有可能产生情感冲突的各种因素，还能够使团队迸发活力，并减少矛盾的发生，最终提高整个团队的工作水平。

当然，团队冲突除了会阻碍团队的发展，在一定程度上也会促进团队的发展。在团队发展中，合理的冲突能够激发团队成员的决策思考更加全面，并能够找到最好的解决方法，所有人也能够进行反思和考虑他人的想法，这对自身和团队的发展都是有利的。在解决冲突的时候，要通过正确的分析对冲突的根源进行剖析，从根源上解决，并对所有的成员进行引导，将这种冲突控制在可控制的范围，从而杜绝成员之间的冲突升级。

（三）创业团队激励机制的设置

在管理过程中，团队的激励机制具有很重要的作用，这也是促进创业团队可持续发展的重要保障。激励是一种固定的人群在相同的目标中所进行的一种促进，这种促进是发自内心的，并对人具有驱动作用。本质上，对人的激励就是提高人的主动性和积极性，并朝着提高团队绩效和个人绩效两个方向发展。对于团队的激励机制可以分为物质激励机制和精神激励机制两种类型。

物质激励机制主要从待遇、补贴、分红等形式上对团队成员进行激励，精神激励机制则从团队成员的发展空间、个人价值的实现方面进行激励。在创业团队中，良好的吸引力和向心力是集合具有相同目标和志向的人的重要因素，这就是团队的吸引力作用，这种吸引力和激励机制有很大的关系。在创业团队成立之前，创业者就要将这种激励机制进行完善，这样才能使团队成员更有积极性，使团队更有吸引力，并且这种激励机制在整个创业活动中，要始终坚持。在创业过程中可以根据情况作出适当的调整，这对加强团队的竞争力很有帮助，并且可以激发团队成员的创造力和积极性。

在创业团队刚成立的时候，需要利用相关的薪酬和权责划分制度来对团队成员进行激励，这种激励机制需要具备相关的程序才能够区分成员的酬劳和相应的收入，并判断自身的价值是否得到实现。与此同时，创业者还要充分了解团队成员的根本需求，根据每个团队成员的个性化需求，给予其充分的尊重和满足，为团队成员提供个性化的发展空间，让团队成员都能看得到自己的未来和希望。

物质激励主要是指在团队成员酬劳方面的分配。这种分配制度是按照团队成员对团队的付出和贡献度来进行考核和差异化分配的。同时，酬劳的分配需要具有灵活性，这样才具备公平公正的分配原则。一方面，团队的所有成员对整个团队的付出和贡献是有差异的；另一方面，团队成员在中途离开团队以后还需要由新的成员代替，补充到团队中。精神激励相比于物质激励主要还是对于团队成员自身的发展而言的，让团队成员获得荣誉感和成就感也是激励的一种重要表现。

在创业团队管理中，创业团队的激励机制要根据创业活动发展的各个阶段所呈现出的特点来灵活运用。在团队发展的不同阶段，对团队成员的物质奖励应该有所区别，否则就无法激发团队成员的积极性。创业者在一开始进行物质激励时就应该在具体分析的基础上制定出符合创业团队实际情况的物质奖励机制，既不能给予过高奖励而超过团队的承受力，也不能由于奖励得过低而削弱了团队成员的积极性。这就需要建立一个较为公正又能体现团队发展的奖励制度。这种奖励制度必须要保障团队有足够的能力长期给予团队成员物质奖励，防止出现入不敷出的情况。需要指出的是，不同的团队成员对于激励的理解有所不同，对于激励的需要也会有所不同，可能有些团队成员倾向于去选择短期的资金收益带来的激励，但有些团队成员则更看重团队的长远发展带给自身能力的提高，追寻长期收益。

四、创业团队常见矛盾与冲突

通常来说，团队成员在创业的过程中难免会出现各种冲突与矛盾，创业者也不可能及时地发现和解决所有的冲突与矛盾，于是就出现了团队的不稳定。在创业活动初期，新组建的创业团队都较为有凝聚力，团队成员为了共同的创业目标而积极努力，献言献策。但是，创业团队在运转的过程中会出现各种各样的矛盾与冲突。实践也已经证明，在团队运转的过程中，团队成员很难在创业目标、创业观念和创业认识上始终保持一致性，难免会出现分歧和矛盾。这些分歧和矛盾肯定会直接损害到创业活动的有序进行。有些团队甚至在创业之初就出现了矛盾，致使创业团队过早解散。

一般而言，多数新组建的创业团队缺少处理这些棘手问题的经验和技巧。创业团队成立之初，一般由相互了解的朋友或者同事组成，规模较小。创业活动中的各种决策往往都是采用较为民主的方式决定。为了体现出创业团队的平等性，在工资待遇等方面也多是采用等额的方式进行分配。这样极易导致权责划分的界限较为模糊，团队的管理受到削弱。在这种情况下，若一旦团队产生矛盾和冲突，则无法得到相应的解决。

此外，由于外部环境的复杂性和变动性，创业的投资者、团队成员等在某一阶段因为自身原因所出现的破坏性的动机也会对创业团队造成严重的影响。如果未能及时发现潜在的危险性，那么无疑也会对创业团队产生消极的影响。例如，在团队的利益分配上不可能始终做到兼顾所有人的利益，造成了部分团队成员的不满和消极怠工，即使这种想法在极少数团队成员中蔓延，那么也极有可能造成团队解散。

五、"互联网＋"背景下大学生创业团队的构建策略

（一）概念界定

随着网络信息平台的丰富和发展，社会各行业与互联网的联结不断增多，并将此作为改革和创新的主要媒介，形成"互联网＋"的良好发展态势。优化各行业的资源配置，促进各行业间的融会贯通，可以构筑各行业与互联网平台经济发展的新格局。

在"互联网＋"的时代背景下，互联网的创新运用为创业团队提供了更多新的机遇。"互联网＋"背景下的大学生创业团队就是从互联网创新运用的角度，在创业的过程中，为满足用户多样性需求，采取灵活、迅速的方式进行有效管理的团队。"互联网＋"背景下的大学生创业团队相较于普通创业团队，最大的区别也在于互联网创新方式的运用。对"互联网＋"背景下的大学生创业团队的概念需要从以下三个方面进行界定。

（1）"互联网＋"背景下的大学生创业团队是一个特殊的群体。从本质上而言，创业团队就是一个群体，其成立之初就通过互相交流的方式确定共同的价值观和目标，并为共同的目标集体努力。"互联网＋"背景下的大学生创业团队更加强调互联网技术的应用，通过运用互联网技术深化创业团队在创业过程中对问题和难点的理解，寻求合理的解决方式。

（2）"互联网＋"背景下的大学生创业团队工作绩效大于所有个体成员独立工作时的绩效之和。尽管创业团队的个体成员本身具有不同特质，而且工作具有独立性，但在团队合作中，只有相互配合，才能够形成团队协作力，尤其是在"互联网＋"背景下，互联网技术在创业工作中的具体运用，能够提高团队的工作效率，从而使团队工作绩效大于所有个体成员独立工作绩效之和。

（3）"互联网＋"背景下的大学生创业团队是高层管理团队的创新方式。创业团队本身就是企业的最初创造者，而高层管理团队则是创业团队的发展和延续，特别是在

"互联网＋"背景下，能够以互联网技术带动高层管理团队开辟新方法和新思路，助推企业更快、更好地发展。

（二）组建原则

"互联网＋"背景下的创业团队结构是质和量的有机统一。研究"互联网＋"背景下的创业团队结构首先要对组建原则进行分析。具体来说，主要包括志向原则、利益原则和互补原则。同时，"互联网＋"背景下创业团队的组成主要凸显的是科技型创业团队。

1. 志向原则

"互联网＋"背景下创业团队的组建首先要对团队成员在创业过程中的预期目标进行考量，即是否有共同的创业理念、创业愿景以及相互间的信任程度如何。共同的价值观是"互联网＋"背景下创业团队组建凝聚的关键因素，主要是通过相同的行为、共同的理念对共同的价值观进行再现。通常来说，团队的凝聚力、合作精神、远期目标和对价值创造的追求是优秀创业团队价值观的重要体现，但"互联网＋"背景下创业团队的价值观也会随企业的实际发展进行自身的调整与完善。与此同时，也要从企业共同的创业愿景出发，明确企业的创业方向和目标，激发团队成员的无限潜能。最后，还要注重团队成员间的相互信任，要对创业团队有责任心，彼此以诚相待。

2. 利益原则

"互联网＋"背景下创业团队要始终将团队的利益作为团队建设的重要方面。组建创业团队（特别是在"互联网＋"背景下进行团队的组建）需要利用互联网技术创新企业运营方式，更需要注意企业的利益分配问题。要建立团队内部责、权、利统一的团队管理机制，对团队内部的权利义务关系、利益关系进行妥善处理。认真研究和设计符合企业自身发展的薪酬体系，保证按时按贡献支付酬劳，不因企业增员、产品销售困难等问题随意降低薪酬水平。此外，也要注重从管理规则制定的角度完善利益原则。要建立合适的进入机制与退出机制，对创业成员进入和退出的条件进行约束，同时，也要对企业股权转让、增加等问题进行深入研究和决策，从而保障企业的良好运转。

3. 互补原则

"互联网＋"背景下创业团队中创业成员的互补性，能够有助于创业团队和新创企业取得高绩效。在创业成员互补性的背景下，创业成员自身的知识、技术、能力以及创业资源的差异化，能够帮助企业更好地应对发展中的问题。新创企业的快速发展，需要依赖创业团队的决策，具体体现为创业团队的背景、行为和经验，最主要的就是团队合作所发挥的优势，因此，"互联网＋"背景下创业团队的构成需要从互补原则的角度考虑，充分注意团队人员的知识结构搭配，力求团队成员能够从技术、能力、管理、营销等方面，发挥各自的优势与特长。除此之外，互补原则也需要结合新创企业的不同阶段具体实施，开始阶段注重技术人员的需求；发展扩张时期，加入市场开拓配合技术使用；成熟时期，必须以企业管理为核心，推进企业各项工作的有序开展。

（三）构成体系

"互联网＋"背景下创业团队的构成最主要的就是科技型创业团队。所谓科技型创业团队，主要是依托高科技进行企业的创办。简单来说，在初创期，"互联网＋"背景下的创业团队一般具有较高的主动性和市场意识，能够从战略规划和具体实施的角度思考企业关系的建立，同时，注重创新能力和行业技术知识的广度和深度，坚持企业导向，思考和解决创业过程中遇到的问题。在扩张期，企业主要是通过自主学习的方式，就现有的问题进行思考和解决，尝试积极运用互联网，提高企业自身在行业内的影响力。总的来说，创新能力是科技型创业团队在"互联网＋"背景下创业的重要考量，而高新技术开发、高风险、高投资、高成长、高收益也是科技型创业团队在"互联网＋"背景下创业所表现出的重要特征。

因此，在"互联网＋"背景下，若要从个人的角度和团队的角度对科技型创业团队的未来进行长期设计，则必须建立与团队相适应的工作氛围，加强团队成员彼此间的信任，注重学习型团队建设，健全适宜的薪酬机制，辅之以合理的考核办法，促进科技型创业团队的有序发展。

（四）管理方式

优秀的管理者作为"互联网＋"背景下创业团队的核心力量，对团队良好的发展起积极的主导作用。在"互联网＋"背景下研究创业团队的领导方式，主要是从创业团队管理者的角色与行为策略方面进行分析。

1. 创业团队管理者的角色

企业的发展，关键在于管理者的素质和把握。企业创建的核心要素就是构建合适的创业团队，而企业要发展就得依赖创业团队的决策。可以说，创业团队中核心创业人物（管理者）是企业发展的第一要素，尤其是其素质和品格。管理者是一个身兼使命，有能力组织所有团队成员为企业发展进行战略规划的，采取一致行动推动企业向前发展的人。一般来说，管理者对内进行事务管理，对外进行联系交流，具体体现在五个方面。

①提出挑战性目标角色。即管理者通过组织创业团队进行科学决策，将现有的资源进行整合，提出具有挑战性的目标，使团队成员能够将自身的能力发挥到极致。

②勇于担当角色。即管理者积极承担责任，树立坚定的创新信念，采取有效措施应对创业过程中出现的相关问题。

③建立人际关系的角色。即管理者能够利用人际关系和一定的策略，力求减少企业创业目标实现的阻力，从而助推企业的良好发展。

④协调鼓励角色。即管理者对成员的鼓励，力求加强团队的共同协作能力。

⑤阐明约束角色。即管理者对资源的整合，通过明确的规章制度对成员进行必要的约束，开创企业发展的新局面。

2. 创业团队管理者的行为策略

（1）针对不同阶段采取不同措施

在企业初创时期，主要面临创业远期目标不明确、企业规范尚未形成的问题，此时管理者的主要任务是提高团队成员间的沟通与协作能力，让团队成员尽快融入团队，明确各自的目标和团队的目标，从而形成相互依存的有机整体。在企业发展和开放时期，主要面临决策的问题，此时，管理者的主要任务是对团队成员进行优化，培养团队成员的向心力，明确各自的权责，也要鼓励团队成员对企业的发展献计献策，为企业的发展贡献自己的力量。在成熟期，管理者要结合企业的实际情况，提高自身综合技能，保持企业发展的动力，营造积极向上的企业文化氛围。

（2）团队意识和成员间融洽关系的培养

团队意识是企业凝聚力的基础。作为管理者，要善于鼓励团队成员同甘共苦，公开、合理地分享创业成果，能够将集体利益置于个人利益之上，愿意将利益分享放在成功之后，从而形成积极合作的团队意识和精神，提高创业绩效。与此同时，管理者也要将成员间融洽关系的培养作为工作的重要方面，努力将团队打造成互相信赖的整体。因此，作为管理者，要加强与团队成员的沟通，通过积极与团队成员进行良好的沟通，掌握团队内部的问题。这有助于正确地处理成员间的矛盾，培养成员间的融洽关系，从而提高创业团队有效应对各种创业风险的能力。

（3）创建学习型团队

创建学习型团队是为了达到优势互补的目标，这也是保证创业成功的关键：一是增加企业的压力和动力，使激励和压力并存，促进团队成员的自我学习，提高团队成员自我竞争的能力；二是促进分工与协作，提高个人工作能力，实现优势互补，最终提高工作效率。因此，管理者要着力从学习环境、个体学习、制度化体系和学习机制四个方面建设学习型团队。首先，管理者要创造适宜学习的环境，从基础设施、文化氛围、制度等方面优化学习环境与保障机制；其次，管理者要鼓励创业团队成员通过深入观察思考的方式进行学习和创新，将学习和工作紧密结合，提高个体工作效率；再次，管理者要建立制度化的沟通体系，鼓励创业团队的成员互相交流各自的学习成果，形成团队学习的互动；最后，管理者要建立组织学习机制，采用多种方式进行学习，以实现持续学习的良好态势。

第三节 创业风险与控制对策

一、创业风险的内涵解析

创业是一项有风险性的经济活动。创业风险主要是指创业过程中的风险,是创业者或创业团队因自身主观层面的有限性和创业环境、创业机会等客观条件的变动导致创业活动与预期目标相偏离的可能性及后果。关于创业风险的研究,需要在厘清其概念的基础上对其特征进行总结,注重对其来源进行梳理并对其类别进行合理划分。

(一) 创业风险的界定

随着社会的发展,"风险"被赋予显著的社会属性,活跃于经济、文化、心理等多个研究领域。基于不同的学科背景和研究视角,不同的学者对风险的理解不尽相同,至今尚未形成统一的定义。其中,以"可能性说"和"不确定性说"为代表的观点的认可度较高。"可能性说"着重强调风险是发生损失或失败的可能性。"不确定性说"着重强调风险意味着结果的不确定性。

不同学派对风险的理解和认识有所不同,对风险的定义也不尽相同。有的学派强调风险事件的结果,有的学派则强调风险事件发生的可能性。目前普遍认为,风险是指某一特定环境和时间段内,发生的与其相关损失的不确定性和可能性。风险由因素、事故、损失三要素组成,其主要特性是:客观性、普遍性、不确定性、可变性、潜在性、复杂性、双重性和行为相关性。

随着"全民创业,万众创新"的贯彻和实施,人们对创业有了新的认识,对创业风险也有了一定的了解。创业风险,顾名思义是指创业者在创业过程中遇见的风险。创业会有新的发展、新的机遇,但同时也有一定的风险性,如大环境的趋势、机会的把握、企业的发展、团队的合作、投资稳定性等。这些因素的不确定性都会直接影响创业的结果,导致创业不能达到预期目标。因此,需要创业者在决策过程中将创业风险放在首位,尤其是决策环境和新品引入方面,一定要进行全面和多方位的考察。

(二) 创业风险的主要特征

创业风险不只存在于创业初期,而是贯穿于创业的整个过程。创业风险的主要特征包括以下几个方面。

(1) 客观性。创业风险是客观存在的,不以人的意志为转移。创业的四个组成要素是人、物、环境和组织。这四个要素都是易变、不确定的,每个要素都有一定的风险。也就是说,不论创业者是否承认,创业风险都是无时无刻存在的,贯穿于整个创业过程,所以我们要以积极乐观的态度接受创业风险,同时,也要做好风险管理。

(2) 不确定性。创业风险的不确定性可以从两方面分析:一方面是过程风险,创业的时间、地点来源以及类型具有不确定性,且创业是一个动态的过程,易变性和动态性都会导致其发生各方面的风险；另一方面则是结果风险，创业最终损失的大小和影响范围都是无法估计的，由于主体的认识会受多方面因素限制，因此最终造成的结果无法确定。风险虽然客观存在，但是可以有效地加强风险管理，降低创业损失。

（3）损益双重性。损益双重性是指创业风险既存在损失，也会获得收益。创业风险与损失风险是因果关系，创业风险的损失分直接损失和间接损失。直接损失包括财产和资金损失；间接损失包括对企业信誉、形象、业务等造成的负面影响。随着人们风险意识的增强和对风险管理能力的增强，创业风险也可以通过有效手段转化为收益。从预期的设想到最终的结果会有一定的变动，其中的不稳定性即是风险，因此，风险是一定存在的。在创业过程中，虽然无法完全规避风险，但是创业者和创业团队在初期的风险意识和风险管理非常重要，有效地进行风险管理，可以把损失降至最低。

（4）相关性。创业风险和风险管理相辅相成，形成一个完整的体系。除了客观因素，每个创业者都会面临各种各样的风险。受主观因素影响，创业风险的类型和对创业的影响程度也会有差异。即使面对同类的项目，不同的创业者和创业团队面临的风险也不尽相同。除去大环境等相同因素，最直接影响创业风险的，还是创业者本身的因素。只有把创业风险和创业风险管理紧密联系到一起，作出有效的预测和判断，并采取相应的应对措施，才能更好地将创业项目进行下去，保障创业的成功。

（5）可测性与测不准性。前面说到了创业风险有规律可循，通过总结创业风险形成的原因和机制可以提前预测和判断，有效预防创业风险的发生，这就是它的可测性。但同时也会有一些偶然因素和突发因素是我们在预测时无法预估到的，如资金、市场、人员以及环境等因素的变动。这些因素是创业者考虑创业风险时必不可少的。但是现实过程中，会有一些非人为能抗拒的因素把可能风险转化为确定风险，即创业风险的测不准性。创业风险的测不准性只是偶然发生的，相比之下，可测性更能直接导致结果的有效性和成功性。可以通过风险管理用正确的决策规避掉原先预测的风险，有效抑制不可预测的风险。总之，创业既要有大局观，同时还应兼顾细节，保证分析的精准度，提高预测的准确性，以达到预期的效果。

（三）创业风险的类型划分

创业风险的类型划分是对创业风险进行细致的梳理划分，对创业者认识创业风险和提高风险分析水平有直接作用，能够使创业者更有效地规避、预测创业风险。从不同角度和不同分类标准出发，创业风险可分为以下几类。

1. 从创业视角划分

创业者最关心的是创业过程可能造成的损失。结合创业要素，可以把创业风险分为人、物、环境和组织四个方面的风险。人的风险是指与创业者、创业团队、投资者等有关的风险。物的风险其实是资源风险，如资金、技术、原材料、生产手段等不确定因素形成的风险，环境风险主要是指大环境对创业造成的影响，如政策、经济、生态等环境，一般不是人为可以控制的风险。组织风险是指创业者在组建团队以及管理团队过程中可能遇到的风险。因此，对于创业者或创业团队，需要有很强的组织策划能力，有大局观，能够对企业发展进行整体规划的同时兼顾细节，对企业的风险管理水平进行有效预测。

2. 从风险视角划分

从风险视角，可按风险的来源、风险的内容和风险的影响对创业风险进行分类。

（1）按风险的来源划分，创业风险分为内部风险、外部风险和复合风险。内部风险，是指由能力、结构等内部原因而产生的风险。外部风险，是指由环境、市场的变化等外部原因而产生的风险。除此以外，由内外部风险相互融合而共同生成的风险则称为复合风险。

（2）按风险的内容划分，创业风险可分为机会风险、技术风险、资源风险、环境风险以及管理风险等。机会风险指创业者选择创业而放弃从事其他事业的机会的可能性。技术风险强调由技术原因而导致创业失败的风险，包括技术的成熟性、周期性、不确定性等因素。资源风险指资源因素导致创业失败的风险。环境风险指由于政策、社会、法律等因素导致创业失败的风险。管理风险指管理过程中主客观因素导致创业失败的可能性。

（3）按风险的影响划分，创业风险可分为安全性风险、收益性风险和流动性风险，这主要是从风险结果正负效应的角度进行定义的。

（四）创业风险的管理工作

价值的创造是创业的核心要义。要想使创业达到价值最大化，就需要承担最小的风险，对风险进行有效管理，尽可能避免创业损失的不确定性。风险管理是企业管理中很重要的一部分。风险管理是利用可控成本最大可能地降低事故的损失或是尽可能避免产生不良影响，既是方法和手段，也贯穿在管理的活动和过程中。传统风险管理认为风险是静态的、纯粹的，主要强调如何规避、降低、转移风险的过程，忽略了可能获得的风险收益；而现代风险管理理论则包含静态风险和动态风险两方面，静态风险与传统模式基本一致，动态风险更关注风险收益与机遇。创业风险管理是指将风险管理合理地运用于创业过程中，对创业活动的现实和未来、显性和隐性的风险进行识别、评估以及应对的过程。其主旨还是将风险降到最低或可控范围内，在降低损失、规避风险的同时实现利益最大化。

1. 创业风险识别及其常用方法

创业风险识别是创业风险管理的首要任务，是创业风险评估和创业风险应对的前提和基础。所谓创业风险识别，是指在创业过程中，对创业活动所存在的内外部风险进行感知和分析。首先，风险识别的对象包括内部、外部两个方面。就内部风险而言，创业相关主体是主要风险因素，如创业者的能力、创业团队的结构、创业投资者的实力等。就外部风险而言，创业环境的变动是不可避免的风险因素，主要包括政策、市场、业态等。其次，风险识别的过程涉及风险感知和风险分析两个环节。风险感知属于心理学范畴，是主体对风险存在的主观感受和认识。感知风险是创业者对创业相关事项做出反应的关键环节，影响着创业者的情绪变化、意识活动和决策行为。风险分析是对企业面临的风险情况的考查和鉴别，是对未来经济活动的期望效益进行不确定性分析。因此，利用风险分析对关键参数进行分析和判断，可以比较科学地判断未来经济活动受到的影响程度，使决策过程更为科学，也更为合理。

此外，风险识别的方法包括主观和客观两个层面。一方面，要通过主观认识和已有经验来识别风险；另一方面，要通过整理各种客观的资料、数据、记录来识别风险。识别创业风险是一个复杂而细致的系统过程，需要运用科学的方法和步骤将风险可视化、直观化、具体化、形象化。具体而言，创业风险的识别方法包括以下几类。

（1）图表法。利用图示和表格描述风险是最常见的识别方法之一。主要是围绕创业组织的运营构建一系列的流程图，针对流程图中的每一环节有针对性地进行风险识别。对特定流程的具体分析可以揭示创业组织经营活动中存在的薄弱环节，从而更加直观、形象地描述风险的来源与类型等信息，以便预先识别风险存在的时间、地点、事件。

（2）清单法。制作风险清单是识别创业风险的基础和前提。风险识别既要对市场、政策、行业等外部环境进行感知和分析，也要对自身能力、内部管理等因素有清晰的认识。以清单的形式逐一罗列和整理信息，有利于将风险清晰化、明确化，从而帮助创业者更加清晰地识别现在的、未来的、显性的、隐性的风险，厘清各种风险的大小及它们之间的关系，而且也便于风险管控人员对风险进行核查。

（3）调查法。市场需求是企业经营风险产生和发展的主要源头，因此要通过对市场需求的把握，了解并掌握创业风险。具体来说，要深入消费者和用户中，了解需求、意见和问题，总结已出现的问题，并采取针对性的解决措施，推进创业的有序进行。

（4）德尔菲法。该方法主要采用匿名发表意见的方式，对各种反应进行统计处理并有反馈地反复进行意见测验，经过反复征询、归纳、修改，逐步使相关专家的意见趋向一致，然后作为最后预测和识别的依据。

（5）头脑风暴法。头脑风暴法也称智力激励法，一般而言，由专家小组召开专家会议，专家团队共同思考，相互启发，诱发更多的创造性设想。创业团队集体智慧的发挥，可以更加全面地统计关于创业中存在的风险因素，可避免由单个风险识别人员的意见偏颇而带来的负面影响，以便做好风险防范工作。

2. 创业风险评估及其常用方法

风险评估是风险应对的重要依据。风险评估是指在风险识别的基础上，对风险概率及损失大小进行评价和估量。对风险进行评估，一方面，要确定风险评估指标。创业风险涉及面广，风险评估必须考虑风险的组成部分、影响因素和相关因素，因此，指标选择是否全面，指标体系构建是否合理，将直接影响风险评价结果的准确性和评价效率。值得注意的是，风险评价的指标并非越多越好。若指标过多，不仅会增加评价的成本、加大评价工作的难度，还会影响评价的效率，而且还会扰乱创业组织评价者的视线，造成评价的结果与实际的风险水平产生较大的偏差。另一方面，要运用科学的风险评价方法，确定创业团队的整体风险水平。整体风险水平可以为风险的应对提供重要依据，具体方法有以下几种。

（1）故障树分析法。故障树分析法是一种由结果推断原因的分析方法。故障树由节点及连线组成，每个节点代表某一具体事件，连线代表事件之间的关系。分析风险及其产生原因之间的因果关系，即在前期预测和识别各种潜在风险因素的基础上，运用逻辑推理的方法，沿着风险产生的路径，找出并控制风险。

（2）风险矩阵法。风险矩阵是风险矩阵评估方法的基本工具，其主要是通过定性分析综合考虑风险影响和风险概率两方面的因素，针对风险因素对项目的影响进行评估。具体是根据危险源识别确定危害及影响的程度与危害及影响事件发生的可能性确定风险的大小。风险矩阵将风险的可能性表示为行，将风险的严重性表示为列，从两方面测算风险，以二者的积作为总的风险值。

（3）层次分析法。该方法常常被应用于对无结构特征性系统风险评价以及多目标、多准则、多时期等系统风险评价。层次分析法是通过指标的两两比较确定各要素的相对权重系数，对于两个要素间的重要性程度通过专家评价法进行判定，得出相对重要性。该方法主要通过确定主要风险因素，构建递进层次模型，通过层次分解进行定性和定量分析，明确风险的等级，从而完成风险评估。

（4）模糊综合评估法。模糊综合评估法是以模糊数学为基础，应用模糊关系合成的原理，将一些边界不清、不易定量的因素定量化，从而进行综合评价的一种方法。模糊综合评估遵循由低层次到高层次的原则，始于最低层次的模糊综合评价，由最低层次的评价结果构成上一层次的模糊矩阵，再依次向上进行较高层次的模糊综合，自下而上逐层进行模糊综合评价，最终得出系统整体的综合评价结果。一般而言，模糊评价旨在通过精确的数字手段处理模糊的评价对象，实现对蕴藏信息呈现模糊性的资料进行较为科学、合理以及贴近实际的量化评价。其得到的评价结果是一个矢量，而不是一个点值，包含的信息比较丰富，既可以比较准确地刻画被评价对象，又可以进一步加工，得到参考信息。

3.创业风险应对及其常用方法

风险应对是主体运用风险管理技术，及时有效地进行风险防范和控制，以实现用最小的投入获得最大的安全保障。从创业的角度而言，创业风险应对是指创业主体在创业过程中通过积极有效的措施应对创业风险的过程。

风险应对的方法是多样的，主要包括风险规避、风险自留、风险转移三种方法。①风险规避是指主动避开损失发生的可能性，提前确定整体风险减少的实施方案，并以此重设管理流程，以达到成功规避某一种特殊风险的目的。由此可见，通过风险规避方法，能够帮助企业事先预测风险发生的可能性，进而通过深入分析风险因素向具体风险转化的条件以及可能的影响程度，从中找出企业难以承受的风险，并在实际的管理过程中予以回避，减小损失发生的可能性，降低损失。②风险自留主要是指自己理性或非理性地承担风险。风险自留是以一定的资金为前提条件的，能使风险发生损失得到补偿。③风险转移是指为避免承担风险损失而有意将损失或与损失相关的收益全部或者部分转移给其他企业的方式。通过将创业风险转移给另一方承担，安全得到保障，如保险转移、合同转移等方式。

风险应对的结果受多种因素影响，主要包括创业者的风险承担能力以及如何在可承受损失范围内对不可避免的风险进行控制。风险承担是创业者在创业过程中表现出的重要行为特征。创业的成功必然需要积极地承担风险而不是盲目逃避。创业者是风险承担的主体，承担风险是创业者常见的行为特征之一。面对来自市场、消费者、供应商、融资渠道、环境等的各种不可知和不确定性，心理素质、认知基础和实践能力等较好的创业者往往能积极、有效地承担风险，做出科学而理性的决策，使创业能够平稳进行。

二、"互联网＋"背景下大学生创业的风险分析

"互联网＋"发展的目标是在物联网、大数据以及云计算等高新信息技术的基础上融合生产性服务业和现代制造业，打造新的业态，加强传统行业的快速转型和发展，实现智能化产业的转变，为国民经济的发展带来新的增长点，从而促进社会的繁荣发展。现在，经济的增长很多都是建立在"互联网＋"的基础上，并催生出很多创新创业领域的快速发展和壮大。这对于创业者来说，既是不可多得的机遇，但同时也将面临更多的挑战。首先，这是因为"互联网＋"背景为更多的创业者提供创业的良好氛围，并降低创业门槛，让每个有志创业者都能追求自己的创业梦；其次，随着"互联网＋"和各种传统行业的不断深入结合，市场竞争也会愈加激烈，这也造成创业风险的不断升级。因此，任何一次创业都不能当作儿戏，应该建立在深入了解市场条件和精准分析创业风险的基础上进行。

（一）主要特征

信息化时代的到来，使"互联网＋"的优势在社会经济发展中占据重要的地位，其主要特征表现在具有更好的开放性、共享性、创新性、技术性和虚拟性等，这也给创业带来更多的不确定性，导致创业风险的不断升级。

1. 不确定性

在"互联网＋"背景下进行创业，面临最大的风险是不确定性太多。首先，互联网的普及让信息得以迅速地扩散，传播速度也得到不断提高，技术更新换代加快，产业升级耗时更短，这给创业者带来更多机遇。其次，随着互联网和传统行业的不断深入融合，创业者将要应对各种原因造成的难题和挑战。这需要创业者将各种资源进行整合，积极应对创业过程中遇到的各种问题，并做好创业风险的规避和应对工作，将创业风险降到最低。特别是在创业还处于理解时期的时候，会存在创业认知的不确定性。而在创业准备时期，存在创业机会的不确定性。市场环境和市场信息随时都会产生变化，而创业机会也是转瞬即逝，创业者对机会的把握也具有很大的不确定性。创业实施时期，收益的不确定影响因素非常多。工薪阶层可以通过自己的劳动按时获得劳动报酬，但创业者则不同，他们的辛苦劳动有可能付之东流，甚至血本无归。他们无论是在精神上还是在物质上的付出，都不一定能得到相应的回报，而且回报程度也具有较大的不确定性，因此，这也是创业者需要面对的创业风险。进入创业管理时期后，企业未来的发展趋势难以准确预测。市场环境的变化、竞争的加剧、政策的变化等都将给企业管理带来一定的难度，对企业的可持续发展产生直接影响。

2. 复杂性

基于"互联网＋"背景下进行创业将面临复杂形式的风险。创业依附一定的情境进行，而不同的情境会导致创业的性质、过程以及结果的发展趋势各不相同。首先，在"互联网＋"背景下进行创业，既要考虑互联网环境的影响，又要兼顾传统行业创业的风险；其次，在"互联网＋"背景下进行的创业，有了更加广阔的范围，而且领域和行业不同，形成的主要风险侧重点也各有不同。这些都是风险复杂性的体现。如果对风险管理不到位，那么也会使信息、资源、决策、行动和知识的整合度较弱，因此，在创业过程中风险信息的传递、政策制度的应对措施、风险管理行为的执行以及主要风险的分析等都变得更加复杂。

3. 转化性

互联网的开放性、便捷性，尤其是在"互联网＋"的背景下，在一定程度上增加了风险转化的可能性。创业者在"互联网＋"背景下进行的创业具有更加便捷的条件和环境，使创业风险的相互转化更为方便。随着影响因素的变化，风险也会产生一系列的变化，如风险的分散、转移、消退、预防和强化等。互联网传播的时效性非常强，导致各种行业之间的创业风险能够相互转化。市场环境的变化也会影响互联网机构的变动，使得资金缺失情况严重，不利于企业偿付能力的提升和生产流通渠道的拓展，加剧企业非信用风险等，还会造成企业法律风险的不断加大，而且这些不利信息会更快地传递给投资者，可能导致投资者大规模撤资，形成资金的流动性风险。

4. 可控性

"互联网＋"背景下创业的一个比较突出的特征在于创业的互联网化。首先，生产性服务与现代制造业和各种信息技术的结合程度越来越高，这也在很多方面发挥出互联网的优势。基于大数据和云计算等信息技术，企业具备更强的数据群和虚拟化资源计算方式，能更科学、更准确地进行风险识别、风险评估和风险应对。其次，创业者可以利用互联网技术积极主动地把控创业的整个过程。在"互联网＋"背景下，创业风险的可控性更强，有利于创业者从微观上对创业风险进行操作，将风险影响降低到最小，从而有效规避风险。

（二）主要类型

互联网的发展和普及，高度联合着网络空间的资金流、信息流和现实空间中的人流、物流。从风险的不同主客观性标准来分，"互联网＋"背景下的创业风险主要包括主观风险和客观风险两类。主观风险，即来自创业主体本身的、可能导致创业失败的可能性，它又可以细分为三种类型：主体特征风险、信用风险、管理安全风险。客观风险，是由于环境等外部因素影响可能造成的损失等，客观风险又可以细分为四类：信息安全风险、信用风险、融资风险和管理风险。

1. 信息安全风险

科学技术的发展既有优势又有劣势，最主要的劣势表现为信息安全问题的日益严峻。互联网时代的到来，为信息传播提供更加便捷的途径和更及时的扩散渠道，而随着大量信息的快速传播，其安全性和可靠性也受到较大的影响。这就需要更加系统化的、完整的信息披露系统和信息保护系统予以规范，不然将引发信息安全风险。首先，信息安全风险来源于系统本身的安全风险。互联网推出的各种理财平台都受到网络技术安全、数据处理安全以及软件系统安全等因素的影响。网络环境的监管成为互联网高速发展的一个核心问题。其次，信息安全风险来源于技术层面上的安全风险。虽然互联网一直在改进技术来应对不断出现的各种网络问题，但是由于互联网具备非常复杂的特征，导致各种信息安全风险层出不穷，这都属于客观技术风险。

2. 信用风险

信用风险就是平常所说的违约风险。这一风险在金融领域尤为突出，是指在市场交易中出现违约情况而造成损失的可能性，即约定的双方预期收益和实际收益有所差异的风险。从众筹项目来说，其基础来源于募集到的资金，它对于很多创业者来说是一种成本不高、手续简便的重要融资渠道，为创业者提供了一定的便利条件。虽然众筹模式发展时间还比较短，但是发展趋势却势不可挡，但众筹模式也有着自己独有的风险因素。例如一些不法分子利用虚假身份套用众筹平台的资金，而且由于众筹平台控制项目的募集金额、信息披露以及风险评估等重要漏洞，使不法分子有机可乘。特别是基于"互联网＋"背景下，弄虚作假的成本低廉，信用体系完善程度较低，相关法律对互联网环境的监管不够完善的情况下，信用风险极容易产生，进而对创业的时效性造成非常不利的影响。

3. 融资风险

融资是指创业者从自身的发展规划和生产情况出发，利用各种渠道进行资金的募集，使创业活动得以顺利进行的一种行为。这是创业者进行创业所必须经历的一个环节，是创业过程中的一个重要组成部分。虽然随着互联网的不断发展出现许多新的融资方式，但是融资风险在任何一种融资方式中都是不可忽视的，会必然存在。虽然采用"互联网＋"的模式进行创业可以为企业节省大量成本，但是资金问题仍然是创业团队所面临的最大问题。充足的资金是企业创建和运营的前提和基础。创业之初，诸如亏损或是资金链断裂等原因，将导致企业遭遇巨大的危机。创业企业大部分都面临着资金短缺的问题。这对企业的业务开展产生较大的限制，甚至导致企业错失良机，最终以创业失败告终。因此，创业者和创业团队在"互联网＋"背景下进行创业时，更要客观、科学地对融资风险进行评价，将融资风险降低到可控范围内，以确保企业的正常运转。

4. 管理风险

管理风险主要是指因资源管理失当而导致威胁创业企业运营的风险。创业主体是创业活动的主导和核心力量，是信息、资金、人员等创业资源的组织者和管理者。若是不能妥善地管理资金、信息、人员等，将会让企业面临管理风险，而这一风险来源于两个方面：①信息技术管理本身存在一定的风险。由于大数据、物联网和云计算技术的不断发展和普及，导致创业项目有关的信息和数据被泄露、更改或者被窃取等。②资金管理上存在的风险。若是企业管理不到位，则可能导致资金链出现问题，造成结算资金错划错漏等影响，给企业的发展带来较大的限制。

（三）风险成因

（1）缺乏明确和一致的团队目标。创业者在进行创业的时候，尤其是在起步阶段，一般还未确立明确目标，团队中没有形成统一的意向性意见，对团队目标没有正确的认识。为了更好地明确目标，创业团队需要充分利用互联网创业政策的正确引导，以及创业环境的优势，不断调整创业目标，使其更符合现实发展的需要。

（2）创业启动资金匮乏。创业团队中的成员一般都没有雄厚的资金和实力，而且收入水平也不高。这就使在创业过程中，启动资金的缺乏成为首要难题，导致创业团队对市场的实际操作能力受到较大限制，创业企业无法根据实际情况进行"互联网＋"背景下创业规模的确定，只能选择一些门槛较低的创业途径。而市场竞争的日益加剧和市场环境的不断变化，都给创业企业带来很大的挑战，导致简单的创业方式通常以失败告终，而且有限的经营规模也会受到创业启动资金不足的影响，使创业难以继续。

（3）激励机制有待提升。在创业中，可以采取一些激励措施促进团队的活力和保持工作积极性。它能够对团队成员进行一定的利益补偿。有调查显示，创业团队之所以分离，最主要的原因在于利益分配出现问题，因此，为了促进创业企业的可持续发展，在团队中采取一定的激励机制具有重要作用，但是在实际操作中，特别是在创业企业的起步阶段，无法评估企业的发展状况，对团队成员作出的努力和贡献也无法准确评估和量化，这导致利润分配方案的制定难度非常大，因而只能采取简单的平均分配原则。由于企业需要不断发展和壮大，简单的平均分配方法无法适应企业利润的增长需要，则容易出现团队的分离问题。

三、"互联网＋"背景下大学生创业风险的防范与控制

控制是一种基本的管理职能，是有效进行企业管理的方法之一。通过风险控制能够将风险因素控制到最低，并对规避风险路线进行不断调整。因此，对风险的控制不但要规避传统的风险因素，同时，还要结合"互联网＋"的特征进行风险的预测，从而及早地进行防范和控制。

（一）加强创业团队或创业者个人能力

1. 增强风险意识

风险意识是有效防范风险的前提。所谓风险意识，是指人们对自身环境存在的不确定性从主观到客观、从抽象到具体的认识和反映。忧患意识将是创业企业可持续发展的前提和基础。创业者需要对风险有正确的认识，并时刻增强预防意识，对利弊因素进行分析和认识。当然，任何一种风险意识的形成都是经过长期的发展、调整而形成的。首先，需要对风险有一定的认识和了解，从而产生一定的防范动机；其次，要根据动机的需求进行管理风险方案的制定，并采取一定的管理行为和管理措施积极应对风险。动机是前提条件，而行为和措施则是风险管理的核心内容。若创业者不具备风险意识，则会使其在创业过程中过于自负，不能预见可能存在的风险，导致创业面临重大风险而无法继续。创业者应在端正心态、整合信息的基础上进一步评估和应对风险。

2. 强化互联网思维

社会经济的一个重要新增长点是互联网产业，而且通过互联网，吸引着越来越多的创业者加入创业队伍中。"互联网＋"模式将是经济发展的一个必然趋势，并且和传统行业的融合度也将越来越高。互联网思维是指利用互联网进行问题的思考和解决。一方面，互联网思维的基础和前提是以客户的需求为目标。任何一种创业都是为了满足客户需求，将客户需求转化成价值的过程，这样才能占据市场份额，获得长远发展，因此创业企业在机会的把握、企业的管理和实施方面都要建立在客户需求的基础上。另一方面，互联网思维的主要特征在于线上和线下的结合方式。随着互联网的不断发展和普及，新媒体和传统媒体的结合度越来越高，也为线上结合线下的发展方式创造了条件，有利于企业进行跨界联合和全球化融合；而创业者通过商业模式的创新获得市场竞争优势，从而在发展中占据一定的市场地位。创业者要充分利用互联网的优势，对企业资源进行创新和整合，挖掘客户的最大价值和创新盈利模式，对行业壁垒进行突破，为企业打造强劲的竞争优势，实现企业利益的最大化。因此，整合线上和线下的发展模式也是基于互联网进行创业的一个重要特征。同时还需要创业团队加强合作意识，创造一个平等、开放、共享和协作的互联网环境，从而最大限度地激发互联网的优势，并强化传统业务和互联网的融合程度。互联网不仅是一种现象，而且也是一种手段，能够影响创业者的战略决策的制定和意识形态的形成，让创业者更清楚地认识到创业风险所在，并能帮助创业者做出风险决策，为企业的可持续发展规避一定的风险。

3. 培养法治观念

强化创业者的法治观念，能够帮助创业者运用法律法规维护自己的权益。首先，可以规范创业者的行为，任何的创业都需要在法律允许的范围内进行。在社会经济的不断发展中，市场的规范化发展和不断调整都需要在法律允许的范围内进行，才能确保市场的公平公正。在创业过程中，也会出现各种法律问题，创业者只有通过法律手段才能合理维护自己的权利不被侵害。其次，有了法律的保障，才能有效提高创业成功率。创业是具有一定风险的过程，一是来自市场的风险，二是来自行业竞争所产生的风险，而这个过程中，也会有法律风险的存在。提高创业者的维权意识，才能让创业者在遇到法律问题时采取合法的手段来解决，使创业风险降至可控范围内。强化创业者的法治观念，也能够让他们在创业中正确运用法律手段，正当地参与市场竞争，促进企业的规范化发展。

（二）加强创业团队建设管理

为了有效地控制和防范风险，需要不断加强团队建设。首先，要对团队的专业性进行加强。创业者必须加强建设风险管理部门，并对其做出的决策高度重视。可以进行风险管理机构建设，聘请专业的风险管理专家参与管理，使企业能够做出正确的规避风险决策。加强法律专家团队的建设，以确保企业的发展符合有关法律的要求，从而促进企业的可持续发展。其次，要强化团队的向心力。创业过程要重视物质激励的重要作用，并发挥目标激励和环境激励措施的作用，特别是在"互联网＋"背景下，更需要采取合理的激励措施推动企业的长远发展，加强团队的合作精神和凝聚力，使其具备更合理的结构，避免团队管理不善引发风险的出现，从而确保企业可以稳定发展。

（三）完善健全创业监管机制

随着互联网技术的快速发展，云计算、社交网络、大数据和搜索引擎等信息技术逐渐被广泛运用于各个领域。"互联网＋"应运而生，人才、资金和技术聚集效应增强。与此同时，风险因素也逐渐增多。这必然要加强企业监管机制的完善和健全。一方面，要对法律保障机制进行完善和健全。创业环境的优化和创业行为的规范都要建立在有法可依的基础上，这样能够将创业损失降至最低。另一方面，要对信用管理机制进行完善。通常情况下，信用体系建设的外部环境优化需要主管机构的积极引导，从而加强对互联网创业发展的监管和控制。个人信用认证体系的完善和透明以及权威信用评级机构的设置等，都是为了完善信用采集、评价、追踪和保障体系。

除此之外，风险信息共享机制的建立和完善也很必要。互联网的最大特征是具有良好的共享性。风险信息共享可以促进创业者之间的沟通和互动，能够将信用奖惩联动制度予以完善，而且互联网还具有极好的信息互联和信息能源开发作用，从而突显出信息资源的重要性，并为信息的快速传播和高度共享创造条件。因此，可以使具有丰富安全资源和较强风险控制能力的企业做表率，为安全创新实践提供依据，并充分利用各种创业实践经验和教训，促进创业企业的稳定、快速发展。

另外，很多因素会造成风险应对结果的不同。其具体包括：如何将不可避免的风险控制在可承受的损失范围内，如何加强创业者的风险承受能力等。在创业过程中，创业者的风险承担能力也是一个重要指标。创业者要想提高创业成功率，就必须积极地面对和承担风险，一味的逃避只会让风险往不可控的方向上发展。在创业过程中，创业者是承担风险的主体，因此创业者只有具备一定的风险承担能力，才能轻松应对来自不同方面的风险，如来自市场、消费者、融资渠道、外部环境以及供应商等方面的风险。创业者只有具备较好的心理素质、认知基础和实践能力，才能在风险出现时更积极和更主动的应对，并作出科学合理的决策，为创业企业的可持续发展保驾护航。

参考文献

［1］侯力红，姬春林.互联网＋大学生创新创业教育研究［M］.北京：科学技术文献出版社，2017.

［2］叶明全，陈付龙，崔琳.互联网＋大学生创新创业基础与实践［M］.北京：科学出版社，2017.

［3］刘德才."互联网＋"大学生创新创业教育［M］.济南：山东大学出版社，2017.

［4］刘彤，王雪梅.大学生创新与创业［M］.成都：西南交通大学出版社，2017.

［5］王艳茹，王金诺.大学生创新创业指导［M］.成都：电子科技大学出版社，2017.

［6］薛永基.大学生创新创业教程［M］.北京：北京理工大学出版社，2017.

［7］舒良荣，杨颖.大学生创新创业基础［M］.北京：国家行政学院出版社，2017.

［8］李学东，顾海川，刘万兆.创新创业管理［M］.北京：北京邮电大学出版社，2017.

［9］罗文谦，惠亚爱，徐锦华.大学生创新创业基础［M］.北京：国家行政学院出版社，2017.

［10］蒋德勤.大学生创新创业基础［M］.合肥：安徽大学出版社，2017.

［11］周苏，谢红霞.创新思维与创业能力［M］.北京：中国铁道出版社，2017.

［12］李丽娜.互联网背景下的大学生创业基础与实践指导［M］.北京：新华出版社，2017.

［13］项勇，黄佳祯，王唯杰.大学生创新创业素质培养机制研究［M］.北京：中国经济出版社，2017.

［14］李珍晖，严威.互联网＋时代中国大学生创业案例［M］.北京：中国传媒大学出版社，2017.

［15］谭书敏，张春和.互联网＋大学生创新创业教育概论［M］.成都：电子科技大学出版社，2018.

［16］高芳芳，张文喜，马莘莘.互联网＋大学生创新创业教育研究［M］.北京：中国纺织出版社，2018.